幼儿园教师
入职必备

U0646239

# 幼儿园教师
# 常见问题及对策

YOUERYUAN JIAOSHI
CHANGJIAN WENTI JI DUICE

赵晓丹 / 主编

北京师范大学出版集团
BEIJING NORMAL UNIVERSITY PUBLISHING GROUP
北京师范大学出版社

**图书在版编目（CIP）数据**

幼儿园教师常见问题及对策/赵晓丹主编. —北京：北京师范大学出版社，2015.5（2022.2重印）
（幼儿园教师入职必备）
ISBN 978-7-303-18429-3

Ⅰ.①幼… Ⅱ.①赵… Ⅲ.①幼教人员－教育工作－工作方法 Ⅳ.①G615

中国版本图书馆 CIP 数据核字（2015）第 018652 号

营 销 中 心 电 话　010-58802181　58805532

出版发行：北京师范大学出版社　www.bnupg.com
　　　　　北京市西城区新街口外大街 12-3 号
　　　　　邮政编码：100088
印　　　刷：北京虎彩文化传播有限公司
经　　　销：全国新华书店
开　　　本：710 mm×1000 mm　1/16
印　　　张：13
字　　　数：231 千字
版　　　次：2015 年 5 月第 1 版
印　　　次：2022 年 2 月第 4 次印刷
定　　　价：28.00 元

策划编辑：罗佩珍　　　　责任编辑：戴 轶 王 林
美术编辑：焦 丽　　　　装帧设计：李尘工作室
责任校对：陈 民　　　　责任印制：马 洁

# 前言
## Preface

　　幼儿园教育是基础教育的重要组成部分，幼儿园教师是素质教育的主要实施者，是教育过程中的主体，同时又是幼儿学习、模仿的对象。教师的人格特征、言行举止、心理健康状况以及对待幼儿的态度，直接影响着幼儿的发展。新手教师满怀热情地走上工作岗位，他们都怀着共同的理想，体验着自我价值实现带来的职业幸福感。如何走好职业生涯第一步，是职业初期新任教师面临的主要问题。任职初期，既是幼儿园教师职业生涯的开始，又是幼儿园教师专业发展的"关键时期"。幼儿园教师要合理地、综合地组织各领域的教育内容，注意各方面内容的融通；要科学安排、合理组织幼儿一日生活中的各项活动，寓教育于一日生活之中，发挥一日生活的整体教育功能；要与家庭和社区密切合作，使各方面的教育形成合力。因此，正确对待和处理新教师的职业适应问题，尤为必要。

　　基于此，我们通过分析新任职幼儿园教师职业适应中存在的工作不适应、心理不适应、沟通不畅快、业务不熟练等问题，精心选编了具有典型性、代表性、普遍性、可借鉴的幼儿园教师常见问题的案例，以及国内、省内名园个案案例解析等资料，提出幼儿园教师职业面临的问题以及解决对策，以期为促进新任职幼儿园教师职业适应提供有益借鉴，进一步加深幼儿园教师对幼儿教育的感性认识，巩固专业思想，强化专业意识，提高专业素质。本书可以让您亲身感受和近距离体验幼儿园一日生活，对幼儿各方面的了解将由浅入深，对幼儿教育的理解将由局部到整体、由笼统到细微、由理论到实践，由单一的观察到多角度的思考，再由多角度的思考转入细致严谨的反思。

　　本书由六个部分和一个附录组成，第一部分是关于幼儿园和幼儿园教师，第二部分是幼儿园教育教学活动，第三部分是幼儿园家长工作，第四部分是幼儿园人际沟通，第五部分是幼儿园教师的文案书写，第六部分是突发事件处理及个别儿童指导，最后为附录。

　　本书编写人员为黑龙江幼儿师范高等专科学校和黑龙江省牡丹江市幼教中心的教学一线教师，具有多年的教育教学实践经验，不仅在教育教学研究方面能够站在学术前沿，而且能够把握幼儿园教师认知情感的发展规律；既熟悉高等师范院校对于学前教育专业学生的培养目标，也谙熟幼儿园教育教学活动特点。本书由赵晓丹担任主编，王敏、洪瑞、费娇莹担任副主编，各部分具体分工如下：第一、第二部分由王敏负责编写，第三、第四部分由洪瑞负责编写，第五、第六部分由赵晓丹负责编写，书稿中的部分案例分析和论文教案等由费娇莹提供并编写。

　　在编写的过程中，我们参考了大量有关幼儿园教师面临的入职问题方面的著作、教材、论文，从网络上寻找了许多宝贵案例，从中汲取了有益的学术成果，在此一并表示感谢。由于经验有限，难免存在些许漏洞，敬请专家、同仁指正。

编者

2015 年 1 月

# 目录
Contents

## 第六部分　突发事件处理及个别儿童指导

## 附录

# 第一部分
# 关于幼儿园和幼儿园教师

　　在中国，幼儿园，旧时称蒙养园、幼稚园，是一种学前教育机构，用于对幼儿集中进行保育和教育，通常接纳3周岁以下幼儿的为托儿所，接纳3~6周岁幼儿的为幼儿园。幼儿园是对3周岁以上学龄前幼儿实施保育和教育的机构，是基础教育的有机组成部分，是学校教育制度的基础阶段。幼儿园的任务是实行保育与教育相结合的原则，对幼儿实施体、智、德、美诸方面全面发展的教育，促进其身心和谐发展。幼儿园同时为家长参加工作、学习提供便利条件。幼儿园教育遵循幼儿身心发展规律，尊重幼儿的年龄特点和学习特点，以游戏为基本活动，保教并重，寓教育于生活及各项活动之中，关注个别差异，促进每个幼儿富有个性地发展。幼儿园为幼儿提供健康、丰富的生活和活动环境，满足他们多方面发展的需要，使他们在快乐的童年生活中获得有益于身心发展的经验。

　　幼儿园以游戏为主要活动，各国关于幼儿园的定义中非常明确地指出游戏是幼儿园幼儿教育与生活的最主要内容。如英国把幼儿园解释为"用实物教学、玩具、游戏及发展幼儿智力的学校"，德国解释为"尚未进学校的游戏学校"。幼儿园的任务为解除家庭在培养儿童时所受时间、空间、环境的制约，让幼儿身体、智力和情感得以健康发展。可以说幼儿园是幼儿的快乐天地，可以帮助幼儿健康快乐地度过童年时光。幼儿园教育作为整个教育体系的基础，对儿童进行预备教育，使幼儿性格健康、行为习惯良好，具备初步的自然与初会常识。通过学前预备教育，幼儿不仅学到知识，而且可以从小接触集体生活。幼儿园教育具有启蒙性、全面性、其教育课程主要由健康、语言、社会、科学、艺术五大领域教学活

动内容构成。孩子们在幼儿园里获得的早期学习经验，将影响他们的一生。

幼儿园教师是素质教育的主要实施者，是教育过程中的主体，同时又是幼儿学习、模仿的对象。幼儿教师的人格特征、言行举止、心理健康状况以及对待幼儿的态度，直接影响着幼儿的发展。幼儿教师用自己的情感、态度、言谈举止给幼儿积极的影响，热爱、尊重每一个幼儿，善于观察幼儿、对幼儿的年龄特点和个体差异以及家庭成长环境有充分的了解。善于开展、发现并利用社区和周边生活中的教育资源，尊重家长，主动与家长沟通，并与家长合作，合理地组织教育内容，根据本班幼儿的实际情况制订班级教育计划，灵活地实施教育，成为幼儿学习活动的支持者、合作者、引导者，促使每个幼儿身心健康地发展。对于幼儿而言，幼儿教师就是知识的化身，世界上的万事万物，只要经过老师的嘴讲述出来，就成了真理；幼儿教师就是楷模，只要是老师做过的事，就一定正确，就可以模仿。幼儿教师还是天使，只要孩子开心、幸福，哪怕仅仅是午睡时做了一个好梦，她们也满意知足；只要孩子们健康成长，哪怕仅仅是一个极小的开端，一个不起眼的进步，幼儿园教师就不言辛苦。

保育员也是教育工作者，其行为同样对幼儿具有潜移默化的影响。保育员结合生活中的各个环节正面而且积极地影响幼儿，与教师密切配合，使幼儿安全、快乐地生活，主动、积极地参与活动，身心得以健康发展。保育员要注重情感教育，尊重幼儿的年龄特点和个体差异，尊重、热爱幼儿，坚持采用积极鼓励、启发诱导的正面教育，满足幼儿在发展过程中的各种需要，使每个幼儿在幼儿园生活中获得快乐和自信。幼儿园教师对幼儿实施的体、智、德、美诸方面的教育应该相互渗透，有机结合；要合理地、综合地组织各领域的教育内容，注意各方面内容的融通。科学安排、合理组织幼儿一日生活中的各项活动，寓教育于一日生活之中，发挥一日生活的整体教育功能，促进幼儿的身心和谐发展。

# 问题一　幼儿园与小学有什么区别?
## ——幼儿园的定位与培养目标

### 一、幼儿园与小学的区别

小学，是人们接受正规学校教育的最初阶段的，是基础教育的重要组成部分。小学教育的特点表现为以老师口授为主，学生以听、读、做作业来掌握理论知识，偏重于抽象思维。

幼儿园与小学在学习环境、生活制度、师生关系、学习方式、成人对儿童的教育观等方面都有很大的不同。那么，什么是幼儿园？在西方国家，如美国，幼儿园被放在学校的范围内来讨论。从大多数国家的教育制度上看，如在美国，幼儿园主要接纳5～6岁的儿童，幼儿低于5岁被划为婴儿，婴儿时期的孩子主要是在哺乳室、托儿所或护养院等。儿童心理学的研究早在19世纪就认为，孩子5～6岁可以开始接受正式教育。这样的话，幼儿园通常被定义为学龄前的一种教育形式。幼儿园的目的是教育孩子创造性地玩耍，适当地接触社会，逐渐在社会中认识自己。所以德国的福禄贝尔（F. Froebel）于1837年就指出，幼儿园是"孩子们的花园"，提出玩耍对孩子们的意义。比方说，福禄贝尔通过游戏、音乐、歌唱以及讲故事来教育孩子。他认为，幼儿园是孩子离开家庭、独立地走向学校的第一步。由此可见，幼儿园应以游戏为主要教学形式，实行保教结合原则，在幼儿一日生活各环节中，合理综合组织多方面的教育内容，并以户外游戏为基本活动，让幼儿积极运用感官感知周围事物。即使上课，也是采用形象直观的、游戏的形式，寓教育于游戏中。

幼儿教育是教育的最基本环节，有人说对幼儿进行教育就像在一张白纸上画画一样，可以任意涂抹，所以下笔之前千万要慎重。但是现在好些执笔画画的人关心的并不是这幅画画得怎么样、质量如何，这幅画今后是否能增值，而是把任务完成就可以了。这就与我们教育的初衷相背离了。就目前的幼儿教育现状来看，情况并不是十分乐观，相应的问题也开始出现。面对日益激烈的教育市场竞争，近些年来，民办幼儿园呈现迅猛增长的趋势。从承办主体上看，民办幼儿园是由国家机构以外的社会组织或者个人办的幼儿园。与公办幼儿园相比，民办幼儿园主要以盈利为目的，这就使得部分幼儿园并不是真正把培育全面发展的幼儿、促进幼儿的身心健康成长作为办园的宗旨，而是一味"向钱看"。为了多收幼儿、多赚钱，这些幼儿园迎合家长望子成龙的心理，不顾幼儿的年龄实际、身心实际，而将小学的教育内容、教育方式照搬给幼儿教育，向幼儿提出过高的学习要求，以求幼儿拿出学习成绩来满足家长的虚荣心，并以此作为办园成绩向社会炫耀，以提高幼儿园的吸引力和竞争力。"幼儿园教育小学化"的倾向日趋严重，且有加速蔓延之势。

教育心理学家早就指出，幼儿教育"小学化"的倾向是影响幼儿心理健康的重要原因，"小学化"不良倾向不仅增添了幼儿的心理压力，也束缚了孩子的独立个

性和想象能力。同时，对孩子正常的生理发育也不利。如教孩子写字，因为幼儿手部肌肉尚未发育成熟，控制笔画的能力还很差，难以形成正确的书写姿势和习惯。因此，幼儿园教育"小学化"完全违背了幼儿的成长规律和教育规律，应当禁止。因此，我们对幼儿园的教学活动首先要有正确的认识，它与小学的教学活动有很大区别，幼儿园教学活动更灵活，形式丰富、种类多样。幼儿园的教学活动主要是指教师有目的、有计划、有组织的集体教学活动，较常见的教学活动类型有领域活动、主题活动、综合活动等。

## 二、 幼儿园的定位与培养目标

幼儿园教育是指 3 岁至入小学前的教育，从宏观上讲，幼儿教育是由幼儿园、家庭和社会共同来实施的。《幼儿园教育指导纲要（试行）》明确指出："幼儿园教育是基础教育的重要组成部分，是我国学校教育和终身教育的奠基阶段。城乡各类幼儿园都应从实际出发，因地制宜地实施素质教育，为幼儿一生的发展打好基础"。"幼儿园应与家庭、社区密切合作，与小学相互衔接，综合利用各种教育资源，共同为幼儿的发展创造良好的条件。""幼儿园应为幼儿提供健康、丰富的生活和活动环境，为满足他们多方面发展的需要，使他们在快乐的童年生活中获得有益于身心发展的经验。""幼儿园教育应尊重幼儿的人格和权利，尊重幼儿身心发展的规律和学习特点，以游戏为基本活动，保教并重，关注个别差异，促进每个幼儿富有个性地发展。"同时，强调教育活动要"既符合幼儿的现实需要，又有利于其长远发展"。用一句话对此进行概述，即"一切为了幼儿的身心发展"。

幼儿园保育和教育的主要目标是：促进幼儿身体正常发育和机能的协调发展，增强体质，培养良好的生活习惯、卫生习惯和参加体育活动的兴趣。发展幼儿智力，培养正确运用感官和运用语言交往的基本能力，增进对环境的认识，培养有益的兴趣和求知欲望，培养初步的动手能力。萌发幼儿爱家乡、爱祖国、爱集体、爱劳动、爱科学的情感，培养诚实、自信、好问、友爱、勇敢、爱护公物、克服困难、讲礼貌、守纪律等良好的品德行为和习惯，以及活泼开朗的性格。培养幼儿初步的感受美和表现美的情趣和能力。

但是，目前国内却出现了一些幼儿园小学化的倾向，笔者认为主要有以下几种情况。

第一，分学科学习小学课程内容，开设写字、拼音、算术、英语等课程，教授奥数、珠脑心算、四书五经等幼儿难以理解的内容，甚至提出"认读 1000 个汉字，背诵 60 首古诗，熟练进行 100 以内加减运算"等教学目标。

第二，小学附设学前班或附设幼儿园，没有独立的符合幼儿园标准的园舍场地，按小学生班额甚至超班额人数编班，有的一个班人数多达六七十人；按一般小学教室的方式编排座位，前后座椅拥挤不堪，幼儿完全没有活动空间。

第三，统一使用教材和教辅材料，满篇文字，图画很少，毫无趣味，完全背离了幼儿认知规律。

第四，以举办双语班、兴趣班、特长班、实验班、蒙特梭利班等为名进行小学化教学，提前学习文化知识和开展超越儿童发展阶段的强化训练活动。

第五，无户外幼儿活动场地或场地严重不足，不能满足幼儿探究、游戏、运动的需要。

第六，采用"粉笔＋黑板"的小学教学模式，老师讲，幼儿听；老师问，幼儿答；老师演示，幼儿看，进行填鸭式知识灌输。

第七，玩具、游戏材料、操作材料缺乏，无法开展幼儿游戏活动。

第八，不按规定年龄编大、中、小班，不根据幼儿年龄阶段组织相应活动，让幼儿提前进入学前班学习。

第九，不遵守幼儿园一日活动规范，执行小学作息时间，按小学课表上课，上午 3～4 节课，下午 2～3 节课，按每节课 40 分钟上课。

第十，给幼儿布置写、读、算、背等家庭作业，进行文化知识考试，一些小学对入学儿童进行面试，按文化成绩高低录取入学。

在教学内容上，用小学课程中识拼音、识字、100 以内加减法等教学内容替换幼儿园的课程，或者用所谓"特色课程"充当幼儿园全部教学内容；在教学方法上，监督幼儿死记硬背，实施知识强化学习，甚至留家庭作业；在组织形式上，推荐和组织征订各种幼儿教材和教辅材料，开展名目繁多的各种考试和竞赛；在办学形式上，以举办兴趣班、特长班和实验班为名，进行各种提前学习和强化训练活动，获取利润。

★案例★

月月的妈妈是某高校的教师，月月从中班开始就在妈妈的安排下学习英语、舞蹈、绘画、钢琴等各项技能。中班下学期，月月的妈妈开始表现出焦躁的情

绪，曾反复追问老师："我们在这儿毕业，上小学能不能跟得上啊?"在月月妈妈的影响下，部分家长也变得躁动不安，教师的工作陷入了困境。

### 分析

1. 危害

幼儿园教学小学化，幼儿是最大的受害者。因为这种倾向超越了学前儿童的身心发展水平，违背了学前儿童的认知规律，过早地增加了幼儿身心发展的负担和压力，又由于这种教学模式有悖于以游戏为基本活动的学前教育原则，容易使幼儿形成不良的学习习惯，产生厌学、畏学等不良情绪，进而干扰幼儿未来的小学学习。

幼儿园教学小学化的弊端如下。

(1)危害幼儿的身体发育。幼儿正处于长身体阶段，机体和神经系统都还比较弱。幼儿如果长时间地集中注意力，大脑容易疲劳，会对神经系统造成伤害，并引起心理上的变化，如表情呆板、反应迟钝等。过早、过多的规范性学习还会导致幼儿近视、驼背、消瘦等身体不良症状。另外，由于小学化教学过早地剥夺了幼儿游戏和动手操作的机会，也就剥夺了幼儿大脑神经元受到丰富刺激的机会，阻碍了神经元和突触的生长形成，进而阻碍了幼儿大脑的发育。

(2)危害幼儿心理发展。幼儿的心理发展还不完善，还不具备系统学习的能力，如果此时强迫幼儿像小学生那样学习和做许多功课，他们不仅智力水平跟不上，而且由于学习过于吃力，会对学习产生厌倦、畏惧情绪，从而扼杀幼儿学习的积极性。

(3)影响幼儿的全面发展。在学前教育阶段开展小学化教育，其实进行的只是单项智育训练，这种只重视单项智育或某种技能发展的做法，由于忽视了幼儿身心的全面发展，忽视了学前教育五大领域的均衡发展，特别是幼儿的非智力因素发展被削弱，因此导致幼儿身心发展的片面性。

(4)干扰幼儿的未来学习。一些幼儿提前学完小学一年级课程，他们入学后不用费力就能取得好成绩，在学习上显得格外轻松。但由于重复教育，他们养成了不动脑、不思考、死记硬背的不良习惯。当他们把超前学习的那点"垫底"知识用完时，面对新的知识就会越来越不适应。可见，采用揠苗助长的方法，只会过早地把幼儿拉入应试教育的泥潭，对幼儿将来的学习和发展不利。

2. 原因

家长望子成龙、望女成凤心切，社会上的各种"拼音""算术"学习班更是满足了广大家长的需求，很多学龄前孩子已经将小学一年级课程全部学完，整个社会"小学化"倾向严重。家长们都不希望自己的孩子输在"起跑线"上，因此出现这样的疑虑和困惑是在所难免的，具体原因可归结为以下几个方面。

首先，广大不懂幼教规律的家长的错误需求导致幼儿园教学小学化。

其次，有些幼儿园办园目的不端，违心去搞小学化。

再次，有些教师素质不高是造成幼儿园小学化倾向的重要因素。

最后，教育行政管理部门、业务研究部门监管、培训不够，是造成小学化倾向的重要原因。


**策略**

第一，开展家庭教育课，帮助家长树立正确的教育观念。

教师可充分利用家长资源，邀请学前教育专家家长或者小学教师来讲解幼儿园与小学的区别，列举种种幼儿不适应小学生活的情况，使家长认识到幼小衔接不仅仅是知识上的衔接，还包括学习习惯、生活习惯、社会交往、任务意识、自我服务等种种能力的衔接。

第二，与家长有效沟通，取得家长信任，使科学正确的教育能够在家庭中得以延续。

①培养幼儿良好的作息习惯。按时睡觉，按时起床，保证充足的睡眠，早上准时入园，不迟到。

②培养幼儿良好的进餐习惯。做到不挑食、不偏食、不磨蹭（因上学后，时间比较紧，尤其是午休，仅一个小时左右，所以好的进餐习惯是前提和保障）。

③培养幼儿良好的阅读习惯。使家长认识到阅读的重要性，帮助幼儿建立阅读的兴趣，每天进行亲子阅读。

④培养幼儿的任务意识。教师可适当布置一些小作业，如完成一幅树叶贴画或准备一个故事第二天表演等。

⑤培养幼儿良好的社会适应能力。使家长认识到幼儿的社会性是在日常生活中通过模仿得的，注重发挥榜样作用。教给幼儿交往的技能技巧，鼓励幼儿积极与同伴交往。

⑥培养幼儿的自我管理能力。家长应充分放手，鼓励幼儿自己的事情自己做，如叠被子、洗袜子、整理自己的房间，根据天气的冷热穿脱衣服等。

第三，关注幼儿的点滴进步，及时进行鼓励与肯定，促进幼儿的可持续发展。

第四，教育行政管理部门要严格执行幼儿园教师资格制度，规范幼儿园办园

行为，充分发挥示范幼儿园的示范、辐射和导向的作用。要促进教育均衡发展，让教育资源配置更加公平。做好"幼小衔接"规律的研究，使幼儿平稳向小学阶段过渡。

第五，加强对教师的业务管理和培训，通过提高教师的专业素质，特别是教师教育教学的基本能力，从根本上克服幼儿园小学化倾向。

与小学教育的培养目标不同，幼儿园的教育内容应该是全面的、启蒙性的，五个领域的内容要相互渗透，从不同的角度促进幼儿情感、态度、能力、知识、技能等方面的发展。幼儿园教育教学活动要关注幼儿学习与发展的整体性、尊重幼儿发展的个体差异、理解幼儿的学习方式和特点、重视幼儿的学习品质。教育活动内容的组织应充分考虑幼儿的学习特点和认识规律，各领域的内容要有机联系，相互渗透，注重综合性、趣味性、活动性，寓教育于生活、游戏之中。

## 问题二　幼儿园教师是阿姨吗？
### ——建立幼儿园教师的职业认同感

幼儿园教师的职业认同是指幼儿园教师对自己所从事的幼教事业存在主观上的内在接纳，从而自觉服务于幼教行业的一种精神状态。个体职业认同程度高，也就意味着其不易跳槽，对其职业保持积极态度；反之，则易产生职业倦怠、角色失调等一系列不良现象。

当前，社会和家长对幼儿教育的认识存在误区，人们把幼儿教师看作一个职业，却没有把幼儿教师看作一个"专门化的职业"，对幼师职业的认同和期望较低，幼儿教师在社会中的专业认同度不高，甚至还被称作"高级保姆""阿姨"等，认为他们就是哄哄孩子，喂孩子吃饭、哄孩子睡觉，工作琐碎且专业化水平不高，从事幼教工作不需要太多的专业化训练就足以胜任；还有部分家长认为幼儿教师就是每天教孩子唱唱歌、跳跳舞，不用向孩子传授高深的知识，设有应试升学的任务，工作轻松自在。正因为大家对幼儿教师职业及其定位的错误认识，使得许多幼儿教师发出了不被人理解的感叹，也让幼儿教师自身对该职业存在认识上的误区。加之，幼儿教师常被排斥在教师队伍之外，待遇低、成就感不强，就更进一步加剧了此种错误的认识。一项公开的调查表明，近10%的幼儿园教师对自己的工作非常不满意，近20%的幼儿园教师声明如果有更好的工作他们会马上离开现在的工作岗位，50%的幼儿园教师很少反思自己的教育教学实践工作。这些幼儿园教师仅仅将从事幼儿教育工作当成自己暂时谋生的一种手段，而没有把幼儿园教师职业看作一种受人尊敬的事业，更没有主动考虑过自己的专业发展问题和职业发展道路。缺乏职业认同感的幼儿园教师很难做到爱岗敬业、关爱幼儿、立足岗位、奉献社会，也直接影响着日常保教工作实践，比如因为不重视自身工作的专业性而导致不尊重孩子、体罚或变相体罚甚至虐待孩子、责任心不强导致孩子出事故等。这已经成为师德建设中一个值得关注的根基性问题。

## ★案例★

事件1：颜某自2010年在温岭城西街道蓝孔雀幼儿园工作以来，多次对幼儿园学生以胶带封嘴、倒插垃圾桶等方式进行虐待，并拍照取乐。

在颜某的QQ空间里，被网友搜出的有关幼儿园的照片多达702张，其中不少是虐童的照片，并且有一张图片说明为"活该"，当有网友评论建议她"删掉这些照片"时，她回复称："没事"。网上流传的用双手拎起幼童双耳照片，是2012年10月上旬，颜某在实施该行为时要求同事童某帮助拍摄的。

事件2：太原市蓝天蒙特梭利幼儿园，教师半小时内打了孩子70次耳光。

事件3：山东潍坊昌乐县城关街道中心幼儿园，老师让全班29个孩子轮流打女童。

**分析**

近年来国内幼儿园虐童事件屡屡发生，面对一张张照片、一段段视频，原本让人感到可亲可爱的幼儿园教师形象在人们的心中一落千丈，无论是网友还是媒体都对虐童教师口诛笔伐，要求加强对幼儿园的监管力度，加强幼师队伍的培养培训，规定幼儿园教师必须持证上岗。加强幼儿园教师教育很重要，但幼儿教育配套政策不完善导致幼师职业认同感低，也是虐童事件产生的另一重要因素。比如，事件1中的教师，没有取得教师资格证，自入职起就对工作产生极度厌倦，并将自己的情绪带到工作中来。

目前很多幼儿园没有编制，使得许多幼儿园教师无法安心教学。政府需要制定幼儿园教师编制标准，合理核定幼儿园教职工编制，解决他们身份尴尬的问

题。同时，还要考虑尽快把幼儿园教师工资纳入绩效工资范畴，使他们的待遇得到保障，让优秀幼儿教师能"进得来""留得住"。教师有了幸福体面的生活，才能确保幼儿健康快乐成长。（光明网－光明时评：《破解"虐童"问题须加强幼师教育建设》）

**策略**

由于幼儿教师的经济地位、社会声望不高，相当一部分幼儿园教师，特别是刚参加工作的年轻教师对幼儿园教师职业身份认同的困惑已经影响到了我国整个幼儿教育系统的健康发展和进步，为此我们有哪些较好的对策呢？

1. 增强与家长等各类人群的沟通，转变他们的观念，展现自身的专业性

幼儿园可通过开展"家长开放日"活动，让家长近距离观看幼儿园的一日活动，了解幼儿园的课程，了解自己孩子在幼儿园的表现，了解幼儿教师工作的特殊价值，促使家长对幼儿园教师的职业有一个全面、客观的认识。同时，还可以用各种比赛的方式将幼儿在各方面的发展展示给家长和社会，如"故事比赛"可以展示幼儿的语言发展能力，"幼儿书法展"和"文艺演出"等可以展示艺术教育的成果，"运动会"等可以展示健康教育成果，使幼儿教师的工作成绩以显性的形式呈现出来。在日常工作及生活中，幼儿教师还需严格要求自己，以专业的姿态面对家长、社会，时刻展现自身的专业性，改变他人的错误认识。

2. 正确认识自我，加强自身的专业素养

教师职业的魅力在于其内在，它是灵魂的工程师，是智慧的传授者，是人生的领航员。幼儿教师主要对幼儿进行启蒙教育，帮助他们获得有益的学习经验，促进其身心全面和谐发展。幼儿教师在教育过程中的角色决不仅仅是知识的传递者，还是幼儿学习活动的支持者、合作者、引导者。幼儿教师在儿童的启蒙阶段，要与孩子共同成长，帮助孩子走好人生的每个"第一步"。

同时，教师应该结合自身的发展情况，构建自己的发展规划，明确自身专业发展的方向，提高自身的职业素养。一个真正的好老师要具有如下特征：有强烈的社会责任感和一颗执着的事业心，能够正确认识琐碎而又平凡的工作的意义，坚定信念，热爱自己的工作；拥有自信、自尊的人格，处理问题时表现出的自信能够感染幼儿，给幼儿树立一个良好的模仿榜样；具备较强的专业能力，教师要想给孩子一杯水，自己首先要有一桶水，幼儿教师需要不断地吸取新知识，学习新技能，开阔眼界，提高自身的素质，从而跟上时代的变化。

3. 提高福利待遇，提供发展的机会，在物质及精神上实现双赢

从某种角度而言，较高的工资水平，会使幼儿教师拥有较高的生活水平及较

高的社会地位，从而增加幼儿教师对自己所从事的职业的自豪感和忠诚度。此外，幼儿园应多为教师提供专业发展的机会，如外出学习或者参加学术讨论，让他们在学习他人的同时也能够表达自己的意见，展现自己的才华，获取更多的经验和资源，不断提升自己的专业水平。幼儿园还应创设良好的工作环境，既让教师的工作环境整洁、舒适，同时还要融洽、轻松，让幼儿教师愿意来此工作、为此奉献。最关键的是，还要利用多种形式让幼儿教师乐于在工作中寻找到发展的乐趣和动力。

诚然，当前幼儿教师在社会上的专业认同度不高，人们会把幼儿教师看作一个职业，而非一个"专门化的职业"，幼儿教师甚至还被称作"阿姨"等，社会地位和待遇普遍偏低，工作压力偏大。也许，对自己职业认识上的困惑会让许多幼儿教师感到失落、迷茫，但它只是人们职业成长路上的一个小插曲。在这个人生的转折点上，只要你明确自己的发展方向，正确认识自己职业的价值，或许就会迎来新的人生契机，找到新的方向并为之努力奋斗，实现自己的理想。叶澜教授从敬业的角度把教师分为三个层次：一是"生存型"的教师，从生计出发来看待的职业，因此多数情况下被动、消极、困惑；二是"享受型"教师，从兴趣出发，因为从事这一职业而感到幸福、快乐；三是"发展型"教师，以享受教师职业的发展和职业幸福为动力，以创造性地开展工作为乐趣。希望广大幼儿教师都能成为这第三类教师，享受职业发展的乐趣！

## 问题三　如何做个幼儿喜欢的教师？
### ——走好职业生涯第一步

幼儿阶段是儿童社会性发展的关键期。师幼交往是幼儿社会性发展的重要内容。在师幼交往中，既有教师对幼儿的喜欢，也有幼儿对教师的喜欢，而后者直接影响了幼儿交往的主动性。那么如何走进孩子们的心里，做一个幼儿喜欢的教师呢？这就需要幼儿教师对自己的职业生涯有一个很好的规划。

★案例★

早上来幼儿园时，冰冰很伤心地抱着奶奶哭，不肯进入室内。在老师和奶奶

11

的共同努力下，冰冰进了室内，但是冰冰仍然无法停止哭泣。这时孩子们都在吃饭，老师就把冰冰叫到睡眠室，拉着冰冰的手，同时看着她的眼睛，"冰冰，我们单独聊聊吧。"冰冰这时的情绪已经有所缓和，虽然仍在抽泣，但已经努力在控制自己的情绪。"冰冰，幼儿园这么多小朋友都很喜欢你，他们都等你来吃饭呢，而且老师也很喜欢冰冰。"看冰冰的情绪有所缓和，老师说"那我们拉个钩吧，一会儿好好吃饭。"冰冰很爽快地和老师拉了钩然后自己去洗手，安静地开始吃饭。冰冰快吃完饭时，教师又说："冰冰，我们明天开开心心地来幼儿园，好吗？"冰冰只是看着老师，老师又用缓和的语气说："你这样哭奶奶会伤心的，而且眼睛会痛的……"没等老师说完，冰冰用一只手捂着眼睛，另一只小手摆动着说："别说了，别说了。"

**分析**

第一，情绪在学前儿童心理活动中起着非常重要的作用，这是学前儿童不同于年长儿童的突出特点。学前儿童的行为充满情绪色彩。在日常生活中，情绪对学前儿童的心理活动和行为的动机作用非常明显。情绪直接指导着学前儿童的行为，愉快的情绪往往使他们愿意学习，不愉快则导致各种消极行为。学前期儿童的情绪反应主要和他的基本生活需要是否得到满足有关，但还有大量与社会性需要有关的因素也会影响学前儿童的情绪。

第二，针对冰冰早上入园的哭泣，她的情绪反应应该完全是与社会性需要有关。一方面可能是孩子对家人很依恋，所以每天早上和奶奶的分别对她都是一种很大的痛苦，可能她自己也很苦恼，也不想用这种哭的方式和奶奶告别，但她毕竟是孩子，情绪调节能力还没有达到一定的程度。从案例中的后半部分可以看出，冰冰的哭泣不完全是闹人。另一方面，可能是孩子缺乏安全感，从冰冰的语言发展来看，她已经能够很清楚地表达自己的意思，哭泣的现象应该是逐渐减少的，而且其自我控制和掩饰内心不愉快的情绪能力也在逐渐形成。

第三，建议家长在孩子入园时，尽量给孩子时间调整情绪。早上入园前尽量用言语鼓励孩子。如"冰冰，今天奶奶希望你表现很棒，而且爸爸妈妈会在视频上看见你的；我们拉钩今天不哭了，奶奶把你送进幼儿园并不是不爱你了，我会想你的"。和孩子说话的时候，尽量用充满爱的眼神看着她，让她明白虽然把她送进幼儿园，但是对她的爱是不会变的。

**策略**

　　首先，幼儿教师要做一个微笑的教师，给予孩子们充分的信任感。微笑是幼儿教师无形的，也是最美丽的语言。微笑也是抚平孩子心灵伤口最好的良药。孩子们从家庭来到幼儿园，从处处以自我为中心的家中走出来，来到一个大集体中，不被理解、原有秩序感的打乱都会让孩子、孩子与孩子之间出现闹情绪、争执、吵闹等情况。当孩子不开心、哭泣、喧闹时，如果老师抱着他，微笑着对他说："孩子，你怎么啦？是什么让你不开心？""把你不愉快的事情告诉老师，看看老师能不能帮助你？"相信孩子看到老师阳光般的笑容，烦躁或不愉快情绪一定会减缓很多。作为一名幼儿教师，要静下心来聆听幼儿所说的话，尽管他们有时候表述不是很清楚，教师也要耐心地鼓励他们表达自己的想法，并能适时地投以微笑，让孩子们内心深切地体会到老师的爱，视老师为最知己的人。

　　其次，幼儿教师要做一个宽容、理解的教师，要学会尊重幼儿，让幼儿有自主权、自主性。例如，孩子很伤心，一直哭，怎么哄也哄不好的时候，教师要明白幼儿这种情况如果是属于情绪发泄的话，我们在抚慰孩子的情绪的同时，要让孩子哭，接纳孩子哭的事实，可以跟孩子说："你是不是很伤心，现在是不是很想哭？等你哭完我们再谈谈好吗？"这样先抚慰孩子情绪，满足孩子发泄情绪的需要，而不是孩子一哭就觉得很烦躁。再比如，在学习和游戏中，我们根据孩子的进度和能力，在一定范围内给予孩子一定的选择权，活动中能让孩子有出其不意的创意或者发挥。鼓励孩子养成探索的习惯，尊重孩子们的思维方式，多给孩子一点自由的空间，切忌把成人的想法强加在孩子的身上，相信有教师的理解和鼓励，可以让孩子更加自信和快乐地成长。

　　再次，幼儿园教师要做一个有原则的教师。要对孩子微笑、宽容、理解，但是这些都离不开原则。作为教师需要把握一个"度"，不能因为孩子的哭闹而随便满足他，或对他的行为妥协，这个"度"就是教师心中的原则或者是底线。只有有原则的教育才可以帮助孩子养成良好的行为习惯和优良的品质，为孩子的健康成长和今后踏上社会打下好的基础。

　　最后，幼儿园教师要做一个博学多识、幽默的教师。作为教师，自身需要有一桶水的知识，才能一滴滴地洒向孩子。孩子们都有很大的好奇心和对知识的强烈探究欲望，教师储备的知识越丰富，就能把越多的知识传授给孩子，越能满足孩子的好奇心和求知欲。此外，教师还要适时地把自己想象成孩子，站在孩子的角度看待问题，从而机智、幽默地处理问题。

　　幼儿园是一个童心雀跃、坦露人性真谛的花园，幼儿教师则是其中爱花护

苗、细心陪护的辛劳园丁。苏联教育家苏霍姆林斯基说："热爱孩子是教师生活中最主要的东西。"没有爱，就没有教育。幼儿教师要用爱的目光关注孩子、用爱的微笑面对孩子、用爱的语言鼓励孩子、用爱的渴望调动孩子、用爱的细节感染孩子、用爱的管教约束孩子、用爱的胸怀去包容孩子，给孩子多一点关心、多一点宽容、多一点笑脸、多一点耐心。只要留心、用心和关心，教师一定能成为他们最喜欢的人！

## 附：

### 幼儿园师幼互动十项行为准则

教师的理解使孩子学会宽容；

教师的赞扬使孩子学会自赏；

给孩子自由使孩子学会创造；

教师的微笑使孩子感到舒心；

教师的支持使孩子体会信任；

教师的赞同使孩子学会自爱；

教师的信任使孩子学会诚实；

教师的平等使孩子学会自信；

教师的公平使孩子学会正直；

教师要珍惜孩子的每一次实践，要知道孩子需要你经常赏识，要常蹲下身来多和孩子平视。

# 第二部分
# 幼儿园教育教学活动

  幼儿园教育教学是幼儿园教师根据《幼儿园教育指导纲要（试行）》，有目的、有计划地对幼儿进行体、智、德、美全面发展教育，以增强幼儿体质，发展动作；传授知识，发展智力；培养良好的道德品质和行为习惯；激发幼儿的求知欲望和探索精神，促进其身心健康发展。在整个幼儿教育教学过程中，既要树立全面发展的教育思想，又要注意教育的侧重点。从确定和实现幼儿教育的目的来看，教与学是一个双边活动过程，既受社会发展的客观需要制约，又受人类的认识规律和幼儿身心发展规律制约，是一个复杂的、有规律的过程。为了使幼儿园的教育教学活动符合客观规律、符合幼儿身心发展的特点，保证教育教学质量，圆满实现幼儿教育的目的，幼儿教师在教育教学过程中，必须按照一定的教育教学原则组织幼儿活动。3～6岁入园的幼儿，活泼好动，身体生长发育较快，各组织器官尚未成熟，大脑皮层机能不够完善，独立性差，不能很好地照料自己的日常生活。在心理方面，幼儿有极强的好奇心，心理过程带有明显的具体形象性和不随意性，思维是在直接感知和具体行动中进行的，以具体形象思维为主；幼儿阶段是儿童语言迅速发展的时期；幼儿情感常常受外界刺激和周围人的影响，容易激动、变化、外露而不稳定。同时，由于环境、教育条件和遗传等因素的影响，幼儿身心发展上又表现出明显的差异，具有不同的个性特征。正是幼儿期具有的这些年龄特征，使得幼儿园的教育教学具有自身的特点和规律。从性质来讲，幼儿园教育教学不属于正规的学习活动，而是进入学校从事正规学习前的准备。通过幼儿一日生活的各个方面的训练，让幼儿掌握一些简单常识，激发他们

的求知欲望和探索精神，训练幼儿各种感官，增强体质，开发智力，培养良好的思想品德和行为习惯。灵活性原则、直观性原则、启发性原则，以及集体教育与个别教育相结合、因材施教、正面教育等教育教学原则，正是根据幼儿的年龄特点和身心发展规律提出来的，从不同的侧面反映了幼儿园教育教学活动的客观规律，对于提高教育教学质量、促进幼儿健康成长具有普遍的指导意义。

## 问题一　幼儿园工作中保育和教育哪一个更重要？
## ——保教结合的重要意义

在人们旧有的幼儿教育观念中，常常对保育工作存在偏见，有着"保育远不如教育重要"的片面认识。长期以来，幼儿园都存在着重教轻保的现象，其实幼儿园的保育工作是至关重要的。《幼儿园工作规程》中明确提出："幼儿园的任务，是实行保育与教育相结合的原则，对幼儿实施德、智、体、美诸方面的教育，促进其身心全面发展。""教"指教育、教学活动，促进幼儿心理健康发展；"保"指卫生保健、保育等养护工作，保障幼儿身体健康发展。在实际生活中，我们经常发现某些学习能力很强的孩子，自理能力较弱，或者那些自理能力较强的孩子却缺乏想象力和创造力。为了让幼儿的各项能力能够全面均衡发展，在幼儿教育中，"保"和"教"应相辅相成，互相融合，两者缺一不可。在幼儿教育飞速发展的今天，保育工作显得愈发重要。在孩子们眼中，所有接触到的成年人都是老师，所以保育老师的言行举止会给孩子带来很大的影响，保育员的工作不是单纯的打扫卫生，而是在为孩子营造舒适、整洁的学习生活环境的前提下，积极配合老师开展教育活动。

《幼儿教育指导纲要（试行）》指出：幼儿园必须把保护幼儿生命和促进幼儿健康放在工作的首位。树立正确的健康观念，在重视幼儿身体健康的同时，高度重视幼儿的心理健康。

幼儿园应将保护幼儿生命健康放在首位，这是由幼儿身心发展特点所决定的。3～6岁的幼儿，身体的各个系统、器官和肌体组织已处于生长发育的过程中，发育还不完善，对疾病的抵抗力比较弱，对外界环境的适应力比较差，生活经验还不够丰富，控制协调自己行为的能力都比较差。幼儿离开父母来到幼儿园，首先需要的是关爱和保护，因此我们要科学地护理好幼儿的一日生活，使每一名幼儿在幼儿园生活中获得健康、快乐和自信。保育员的工作内容是和幼儿一起游戏、个别辅导、配合教师完成教育目标。在培养幼儿良好的生活习惯时，要注意培养幼儿生活自理能力，引导幼儿学习自我管理，防止包办代替，凡是幼儿能做的，应给幼儿机会做，凡是幼儿能想的，就给幼儿机会想。在工作中，坚持保教结合的原则，把保育工作渗透到一日生活各个环节之中；坚持预防为主的方针，加强防病工作，做到制度落实，目的明确，措施可行；坚持以幼儿为中心，尊重幼儿，更新保育观念，进行适时适度的保育，提高保育员素质。

## ★案例★

如厕是幼儿园生活中非常重要的一环，培养幼儿良好的如厕习惯是十分必要的，更是一个内化行为规范的问题。在生活中，我们发现许多孩子往往是先脱裤子，后迈便池，这种习惯容易造成孩子行动不便，为事故的发生埋下隐患。对此，班级的三位老师经过讨论，决定根据幼儿的年龄特点与行为特征，从规则和行为上给予强化和指导，并一起动手绘制如厕顺序图贴在墙上，将如厕的要求直观体现在图片中。孩子们在轻松愉快的氛围中接受了规则，避免了事故的发生。

扣扣子对小班的孩子来说不是一件容易的事，以往都是由保教人员帮助孩子扣扣子。一天，浩翔终于扣上了衣服的扣子，只是错位了。这时，我们并没有训斥、指责孩子，而是表扬他："你真棒，能自己扣上扣子。"并纠正："只是一颗小扣子找错门了，没关系，我们帮它找到门，好吗？"接着，我们专门进行了一个"我帮娃娃穿衣服"的活动。通过保育员演示、老师讲解，孩子渐渐掌握了扣扣子的要领。同时，我们在操作区投放了布娃娃、小衣服等，让孩子们给娃娃穿衣、扣纽扣，让他们在拟人化的游戏情境中愉快地进行动作技能练习，久而久之，幼儿自理能力就得到了提高。

### 分析

从案例不难看出：教师淡化与保育员的职责界限，是实现教育生活化的保证；教师与保育员创造性地开展保教工作，是教育生活化的关键。幼儿教学活动不仅应注重生活教育化、教育生活化的原则，还应该在生活中互相渗透，力争达

到保教合一，让幼儿教育多一些生活的气息。以日常生活为契机，及时抓住机会对幼儿实施教育，并运用良好的教育技能帮助幼儿组织已获得的零散的生活经验，从中培养、教育幼儿。[①]

**策略**

1. "保"中有"教"

保育工作是幼儿教育的重要组成部分，保育员是教师的帮手，承担辅助教师的工作，并协助教师对幼儿进行一定的教育工作，以促进幼儿的全面发展。幼儿园的一日生活常规有：入园、晨间活动、早操活动、上课、饮水、盥洗、餐点、睡觉、如厕等。这些看起来平常而琐碎的活动，经过老师的引导教育，让幼儿养成了良好的行为习惯。如要求幼儿及家长按照规定的时间入园，可以培养幼儿遵守作息时间的习惯；进餐时，要求幼儿饭前洗手、细嚼慢咽、不讲话、不挑食，使他们养成良好的进餐习惯；午睡时，培养幼儿正确的睡姿，不趴着睡觉，不把头蒙在被子里睡，使他们身体健康成长；如厕时，对孩子进行性别教育，消除孩子对性别的迷茫和不解。保育不单是照顾孩子的日常生活，还担负着教育的责任。保育员要深刻理解保育工作的内涵，改变保育观念，改善保育行为，要抓住教育的最佳时机，将保教做到有效的统一，这就是在保育中进行教育。

2. "教"中有"保"

在教学活动中，教师不只负责传授知识，也要渗透着一部分保育内容。例如：为了更好地教导孩子扣扣子，专门进行的《我帮娃娃穿衣服》的活动课，在教学活动的时候，虽然教师培养的是自理能力，但是活动过程中却渗透着保育的内容，通过保育员和教师的合作演示，使孩子们掌握了扣扣子的要领，原本是一项教育内容，但也把保育渗透进去了。又如：在绘画课上，教师一方面培养幼儿的想象力和绘画能力，同时又纠正幼儿握笔方法、端正幼儿的坐姿，保证了幼儿身体的良好发展，在教育的同时也结合了保育的内容，教育与保育相互渗透。

为了让幼儿更好地发展，我们应该正确对待保育和教育工作，增强保教一体的意识，更新保教的观念；改进保教工作的方式，提高保教的质量；改进保教的环境，做好保教的内容，使幼儿的保教工作做到有机统一，使我们的教育事业更上一个台阶。

--------

① 选自中国学前教育网，《坚持"保教合一"，实现幼儿教育生活化》，作者方柏爱，2012-11-05。

## 问题二 为什么幼儿园要以游戏为基本活动? ——幼儿园教育教学特点

游戏是幼儿的主要活动,是幼儿身心发展的需要。幼儿园以游戏为基本活动,通过多种活动促进幼儿发展,保障幼儿游戏的权利,为幼儿提供充足的游戏条件,尊重幼儿游戏的意愿,使幼儿在游戏中获得自身的满足和发展。幼儿园教育应根据幼儿身心发展的规律和学习特点,灵活、综合地组织和安排各方面的教育内容,使幼儿获得相对完整的经验。在游戏中学习是幼儿学习的特点,游戏是幼儿最有效、最自然的学习方式。游戏的过程就是幼儿学习的过程。坚持做到游戏就是课程,就是幼儿基本的学习活动的思想,融游戏与教学活动为一体,淡化游戏与上课的界限,改变游戏与学习对立的观点,承认幼儿特有的学习方式,尊重幼儿的学习特点,这样使幼儿在游戏中获得安全感,自尊、自信,并保持对学习的持久热情,从而受益终生。

### 一、 幼儿园教学活动的特点

#### (一)幼儿园教学具有直接性和生活化的特点

幼儿园教育教学工作融合在幼儿园的一日常规活动中,教育内容没有严谨的结构条框及知识体系,紧密联系实际生活,具有生活化的特点。在教学中幼儿通过实际活动获得直接的、感性的认识和积累经验。陶行知先生曾提出生活即教育,认为有什么样的生活,就有什么样的教育,儿童年龄越小,越需要生活教育。因此,幼儿教育内容要贴近生活,为儿童提供直接活动的机会,亲自接触、观察、操作从而积累更多的感性经验,认识和理解周围的世界。

#### (二)幼儿园教学以游戏为基本活动

德国幼儿教育家福禄贝尔提出幼儿教育应在游戏中进行,他重视游戏的教育价值,提出应把游戏作为幼儿园的主要活动。以游戏为基本活动形式不仅接近幼儿生活,带给幼儿快乐,更重要的是符合儿童身心发展规律,适合儿童活动特点,有助于促进儿童成长。哪里有儿童哪里就有游戏,对儿童来说,游戏就是他们的生活。《幼儿园工作规程》明确指出:"游戏是对幼儿进行全面发展教育的重

要形式。"以游戏作为幼儿教育的基本活动形式符合儿童身心发展的要求，尊重幼儿身心发展的规律和学习特点，有利于幼儿智能的发展和良好的行为习惯的养成。

游戏可以促进幼儿智力和语言的发展，形成良好品行，游戏时，幼儿的认知、记忆、思维、有意注意等状态都比较好，这是因为松弛、欢快的游戏情境更容易激发幼儿的主动性、想象力和创造欲，所以游戏也有助于提高幼儿的感受力和创造力。

## 二、 游戏在幼儿教育中的作用

### (一)游戏可以促进幼儿智力和语言发展

游戏是幼儿对现实生活的反映。在游戏中幼儿广泛运用着已有的知识经验，这有助于巩固、加深幼儿已有的知识，在游戏中幼儿要使用多种多样的玩具和材料，从而认识和掌握各种物体的性能和用途，了解事物的用途和相互之间的因果关系，获得初步的自然科技常识。如：在认识自然界的天气和季节时，可通过游戏"四季晴雨表"来巩固加深幼儿对晴天、雨天、阴天、刮风、下雪及春、夏、秋、冬的理解。在游戏中，幼儿要运用语言表现游戏的情节和内容，交流思想。总之，游戏活动是发展幼儿的智力，加深和丰富幼儿知识的有力手段。

### (二)游戏可以帮助幼儿形成良好的品行

游戏有助于培养幼儿各种良好的行为品质。首先，幼儿通过扮演角色，学习各种角色的良好行为。如幼儿喜欢扮演的角色有妈妈、老师、医生、售货员、司机、警察、解放军等，扮演的角色本身就包含着行为的榜样。幼儿要模仿这些角色的态度、言行，体验他们的思想感情，并根据角色的行为来调节自己的行动。从而受到潜移默化的品德教育。其次，游戏有助于培养幼儿的意志品格。在游戏中，幼儿为了达到游戏目的，需要约束自己，克服困难，坚持工作，这有利培养幼儿积极主动、勇于克服困难的优良品质，并对促进幼儿意志行为的发展有重要作用。集体的游戏大都是有规则的，它对幼儿的行为可起到约束作用，为了实现游戏的目的，幼儿愉快地、心甘情愿地去服从规则，并且主动约束自己的行动，可以锻炼自我控制能力，促进自我调节与控制随意性行为能力的发展。

### (三)游戏能促进幼儿美感和美的创造力的发展

游戏是一种创造性的活动。在游戏中幼儿认识到自然界和社会生活中美好的事物。如设计幼儿游戏"美与丑"，教师准备挂图，并出示其中一幅，一位小女孩听着音乐翩翩起舞，请幼儿说出这幅图中的美与丑，然后说出他们在做什么。再出示一幅挂图，两位小男孩在马路中间打闹，请幼儿说出图中的美与丑及他们在做什么，丑的再给予改正。教师根据幼儿的表现，评出说得最完整、最准确的一组，游戏作为幼儿想象和现实生活的一种特殊结合，可以使幼儿更好地体验社会生活和人际关系，这不仅满足着幼儿对周围生活的好奇心和探索的需要，使他们更好地认识周围生活中的美，而且还可以满足他们用行为表现美的愿望。

## 三、 怎样发挥游戏在教育教学中的作用

### (一)将游戏运用到教学中

在教学中，幼儿教师都会使出浑身解数，集中幼儿的注意力，调动幼儿的学习积极性。其中，最简便、最行之有效的方法便是使用游戏。使用游戏的方法进行教学不仅适用于语言活动，同样适用于其他活动。不管在哪门学科中，只要能恰当地使用游戏的方法，都会收到良好的效果。特别是当幼儿感到有些疲倦时，更离不开游戏，因为幼儿疲倦时，注意力容易分散，有意注意差，对枯燥的学习内容不感兴趣，游戏则有利于保持幼儿的最佳心境，提高幼儿对事物的兴趣和好奇，促进幼儿对新知识的学习和掌握。所以，只有游戏，才能使学习过程充满乐趣，富有情趣；只有游戏，才能更好地激发幼儿的学习潜能，很好地完成学习任务。

### (二)创设良好的游戏环境

幼儿的游戏离不开外部的游戏环境与条件，它包括游戏的物质环境与心理环境两个方面。幼儿园物质环境的创设要考虑空间布置与材料的提供，为幼儿提供足够的游戏材料、玩具材料是游戏的物质基础。它们是幼儿游戏的工具，让幼儿按自己的意愿选择游戏，以自己的方式进行游戏，在与材料和伙伴的相互作用中，共同分享游戏带来的快乐和学习彼此的经验，促进幼儿主动性、独立性、创造性的发展。幼儿通过使用玩具、材料来学习。不同的玩具、材料有不同的功能和特点，但都要以幼儿的操作为基础，要具有可操作性。

幼儿园的心理环境主要指幼儿园的人际关系及心理气氛，也具体体现在教师

与幼儿、幼儿与幼儿、教师与教师间的相互作用、交往方式等方面，它虽然是无形的，但直接影响着幼儿的情感、交往行为和个性的发展。幼儿园应创设温馨、和谐的心理环境，主要包括创设良好的人际环境，以及形成一般日常规则与行为标准。只有为幼儿提供一个能使他们感到安全、温暖、平等、自由，能鼓励他们探索与创建的精神环境，幼儿才能活泼愉快、积极主动、充满自信地生活和学习，获得最佳的发展。

### (三)让幼儿成为游戏的主人

游戏是幼儿的自主性活动，是幼儿的需要，而不是成人强加的逼迫性的活动。我们应该让幼儿自己确定想玩什么、怎么样玩、和谁一起玩、在什么地方玩等。幼儿是游戏的主人。平时指导幼儿游戏时，需要用心去了解幼儿的想法，不要把知识和答案告诉幼儿，不要轻易地打断幼儿的游戏，在游戏中幼儿有权决定一切，如游戏的玩具、材料要以幼儿的需要、兴趣为出发点；要让幼儿以自己的方式解决游戏中出现的矛盾和纠纷；让幼儿自觉遵守游戏中的规则。因此，我们要让幼儿真正成为游戏的主人，让幼儿主动控制游戏，自主决定游戏的方法。

## ★案例★

幼儿园今天下午的特色活动是水粉画"可爱的小蚂蚁"，我刚刚和孩子们一起调完颜料，一道闪电便划过了天际，接着耳边就想起了轰隆隆的雷鸣声，孩子们被雷鸣声吸引，纷纷嚷着"打雷了，快要下雨了"，有的甚至还唱起了歌"小雨小雨沙沙沙……"

**分析**

孩子们天生对大自然的现象有着强烈的好奇心及探索欲望，教师预设的教学活动现在已经不能满足孩子们的需求，在此种情况下，教师应该调整思路，以孩子们的兴趣为出发点，生成新的教学活动。

**策略**

第一，教师应对幼儿进行观察引导，让幼儿来到窗前，观察雨前、雨中、雨后的景象。如天空的变化，植物的姿态，人们的表现等。

第二，观察活动结束以后，可引导幼儿以"雷雨来了"为主题，进行水粉创意画，来表现自己的所见、所感、所思、所想。

第三，教师可以以此为契机，生成新的主题活动"夏天的雷雨"，请家长配合搜集相关材料、图片，如"雷电是怎样形成的？""雨后为什么会有彩虹？""小动物是怎样预报天气的？"等等。设计布置成相关的展板，拓展幼儿的经验。亦可生成相关的活动如"雷雨的秘密""下雨之前""美丽的彩虹""未来的雨伞"等，满足幼儿的多种需求。

第四，请家长帮助准备雨靴、雨衣，在下小雨时带孩子们去感受，也可在雨后带孩子们去踩水。

正如儿童教育家陈鹤琴先生所说："儿童总是喜欢游戏的，而且他游戏的时候会忘了自己，用全副的精神去做他的游戏，名义上虽是游戏，但所学的却是很好的东西。"将游戏贯穿于教学之中，在游戏中渗透教育内容，为幼儿提供良好的游戏环境，让幼儿成为游戏的主角，在快乐中学习与成长。

# 问题三　幼儿园一日生活环节的组织策略有哪些？
## ——幼儿园一日生活的常规内容与要求

《幼儿园工作规程》指出：幼儿园一日活动的组织应动静交替，注重幼儿的实践活动，保证幼儿愉快的、有益的自由活动。幼儿园日常生活组织，要从实际出发，建立必要的合理的常规，坚持一贯性、一致性和灵活性的原则，培养幼儿良好习惯和初步的生活自理能力。幼儿园的一日活动一般包括入园、早操及晨间谈话、进餐、盥洗、饮水、如厕、自由及教育活动、午睡、离园九大环节，每个环节在幼儿发展中都具有重要价值，幼儿教师应科学合理地组织好各个环节，做到让幼儿在生活中学习、在游戏中生活，使一日生活成为真正的教育整体。

在一日生活的组织中，应珍惜幼儿的时间，关注幼儿活动的有效时间，尽量减少不必要的集体行动和过渡环节，减少幼儿消极等待的现象。在培养幼儿良好生活习惯的同时，注意培养幼儿生活自理的能力，引导幼儿学习自我管理，防止包办代替，凡是幼儿能做的应给幼儿机会做，凡是幼儿能想的就给幼儿机会想。

## ★案例一★

午睡的时间到了，孩子们渐渐进入了梦乡，只有几个小朋友辗转难眠，奇怪的是平时躺下就睡着的甜甜小朋友今天也没有睡着。再一次的巡视结束后，我坐到了座椅上。无意中的回头发现了一个现象：甜甜的口里正含着什么东西，我的心不禁一颤……

**分析**

这时教师首先不要惊慌，更不能够大声呵斥，孩子口里的东西一定是上床时带上来的，出现这样的现象是由于教师本身没有进行午检，才给幼儿的安全造成了隐患。晨检很重要，午检同样不容忽视。教师应在幼儿上床前摸摸幼儿的额头，传染病盛行时还要检查幼儿的口腔、身体，同时最重要的是要看幼儿有没有携带不安全物品上床。根据《3—6岁儿童学习与发展指南》：要创设安全的生活环境，提供必要的保护措施。如：要把热水瓶、药品、火柴、刀具等物品放到幼儿够不到的地方；阳台或窗户要有安全保护措施；要使用安全的电源插座等。教师应该具备基本的安全知识和自我保护能力；提供安全的生活环境和必要的保护措施；结合生活实际对幼儿进行安全教育；教给幼儿简单的自救和求救的方法。

**策略**

第一，教师在不惊扰幼儿的前提下，引导幼儿将危险物拿出。教师再一次巡视，轻轻走到幼儿床前，对孩子说："甜甜，快把你口里的东西吐出来，老师不会责怪你的。"取出后，我惊讶地发现，这是今天上午手工课时孩子们粘贴用的扣子。

第二，对全班幼儿进行安全教育，避免这样的现象再次发生。对于中大班的孩子而言，他们已经有了明确的是非观念，但孩子毕竟是孩子，自控力还是有限的。教师应引导幼儿分析事情的后果，为孩子们敲响"警钟"。

第三，发动小朋友做"小小监督员"，互相监督。教师的精力毕竟是有限的，教师应变被动为主动，调动小朋友互相监督。

第四，重视午检，排除一切"危险因素"。教师应在每天午睡上床前对全班幼儿进行认真的检查，形式可以灵活多样，如和孩子们贴贴脸、拥抱一下，及时发现幼儿的异常情况。

## ★案例二★

幼儿进餐问题是幼儿教师较为关注的问题。在进餐中有目的地关注幼儿，不仅有助于促进幼儿的身心和谐健康发展，也有助于班级建立良好的行为规范。笔者从案例观察入手，对幼儿在进餐过程中表现出的共性和个性问题进行了分析，并对此进行了有效的策略研究。

镜头一：吃饭时间到了，洋洋眼泪汪汪地说："老师，我肚子疼。"老师走过去看看碗里的菜，再看看洋洋，顿时明白了。老师轻轻地问道："老师知道你是个诚实的好孩子，告诉老师，哪个菜不想吃?"她指了指碗里的黑木耳说："这个我不喜欢。"

镜头二：文龙在吃饭时走神了，嘴里的食物也不嚼了，过一会，他又开始和附近的小朋友交头接耳，不仅影响同伴的正常进餐，自己也是磨蹭到最后一个吃完。

镜头三：饭后教师发现小林座位下有撒掉的汤。老师找到小林，发现她的衣服湿了，检查过后并无烫伤。老师问道："是不是汤撒掉了?"孩子一脸的紧张，快要哭出来了。"老师知道你是不小心的，对吧?"她轻轻地点点头。

**分析**

以上三个镜头从不同的角度反映了幼儿进餐存在的习惯问题：挑食，进餐规则意识缺乏，进餐情绪不积极等。进餐这样一件简单的事情，为何会成为教师普遍关心并为之头痛的问题?

首要原因是正确就餐方法缺失。孩子入园前，在家进餐比较随意。大多数父母对孩子就餐要求不严格。有调查显示：95％的孩子在家吃饭时边吃边看电视，或者边吃边玩；78％的孩子需要父母的督促甚至是追在身后喂饭才肯进餐；半数的家长对孩子的进餐听之任之，觉得没什么太大关系。如此一来，孩子入园后很难适应幼儿园的日常作息。

其次是良好进餐氛围的缺乏。幼儿进餐中，经常会听到这样的提醒："不要

把米粒撒在桌上""吃饭的时候不许讲话""你又是最后一个吃完"……看似善意的语言却将愉快的进餐变得严肃、紧张，让幼儿的神经始终处于紧张状态，影响到食欲。

最后是教育引导方法的单一。幼儿进餐习惯不好时，教师引导幼儿的方法比较单一，经常听到的话语就是"今天的饭菜多香啊，快点吃""看看今天谁吃饭好，我们就奖励小红花"。久而久之，孩子对教师的引导语已变得麻木，对小红花也不再感兴趣了。

**策略**

1. 创设愉悦的进餐氛围，关注幼儿进餐的心理

教师重视餐前引导。要解决幼儿不良的就餐问题，首先要创设良好的进餐氛围。餐前可与幼儿进行比较安静的活动，可进行餐前谈话，告诉幼儿各种食物所含的营养，也可通过小故事，让幼儿感觉到吃饭是一件很有趣的事情。吃饭的时候需要安静的环境，而给孩子适度说话的权利也体现了对幼儿的尊重和教育的开放。我们要允许孩子在不影响吃饭的情况下就近交流，他们会交流饭菜的味道、颜色，从而提高自己的食欲，因为餐桌也是他们探究事物奥妙的场所。然而宽松的环境并不意味着放任自流，当教师发现有些孩子干扰别的幼儿吃饭时，必须进行及时的制止，让幼儿了解纪律的重要性并逐步学会自控。教师在幼儿进餐中应发挥引导作用，多运用鼓励性语言提高幼儿进餐的情绪。发现个别幼儿良好行为出现时，教师要积极予以肯定；发现问题时不失时机地运用鼓励性语言引导他们。

2. 运用多样教育方法，因材施教

正面教育为主，奖惩结合。对于进餐中幼儿出现的点滴进步，教师要及时发现。比如，以前吃得慢的孩子今天在规定时间内吃完了，挑食的孩子吃了一点不喜欢的食物……教师都应该予以鼓励，可以在全班面前表扬，进行正面示范，促使幼儿改正挑食、偏食、吃饭时讲话等不良习惯。由于个体的差异性，每个孩子的饭量、习惯都不一样，这就需要教师进行细致的观察和教育。例如，在保育员分饭的时候，可以提醒他不要全部盛满，先以平均水平为准，之后再根据幼儿进餐情况添加，这样胃口差、饭量小的孩子也能减轻心理的压力。

3. 注意膳食色、香、味的搭配

要根据幼儿的生理发展需要来制定食谱，进行膳食营养平衡。要注意色、香、味的搭配，以增进幼儿的食欲，让他们什么食物都爱吃、什么食物都想吃。

生活中蕴含着无尽的教育资源，而进餐习惯的养成也并非一日之功，教师要善于抓住生活中的每一个教育契机，转变幼儿的进餐观念。英国作家萨克雷说过：播种行为，收获习惯；播种习惯，收获性格；播种性格，收获命运。要培养幼儿良好的进餐习惯，我们要注重幼儿的情感教育，让他们从小学会尊重别人的劳动成果。教师可以带领幼儿参观伙房，让他们感受伙房工作人员的辛苦；也可以了解农民播种的辛苦。

# 附：

## 幼儿园一日活动的基本要求

幼儿园一日活动是全面落实幼儿园保教任务的重要途径。幼儿园的一日活动从实际出发，遵循教育规律和幼儿身心发展特点，立足于为幼儿一生发展打好坚实的基础，因地制宜地实施素质教育。秉承"一切为了孩子，为了孩子的一切"的教育宗旨，以爱为核心，规范一日常规要求。为幼儿提供健康、丰富的生活和活动环境，满足幼儿的发展需要，最大限度地促进幼儿身心的全面发展。

### 幼儿园一日作息时间和活动内容参考表

| | |
|---|---|
| 7：30～8：00 | 幼儿入园及晨间活动（区域活动、自由活动） |
| 8：00～8：45 | 晨检、早操、早点、如厕 |
| 8：45～9：15 | 教育活动（大班：30分钟；中班：20～25分钟；小班：15分钟） |
| 9：15～9：30 | 课间活动 |
| 9：30～10：00 | 教育活动 |
| 10：00～11：30 | 户外游戏活动、餐前准备、午餐、餐后散步 |
| 11：30～2：00 | 午睡 |
| 2：00～2：45 | 起床（学习整理床铺、穿衣、穿鞋、喝水、梳洗、吃水果、如厕） |
| 2：45～3：15 | 午后教育活动、户外游戏活动 |
| 3：15～4：00 | 下午餐 |
| 4：00～5：00 | 餐后活动与离园 |

### （一）入园及晨间活动

**入园**

1. 幼儿能够衣着整洁、情绪愉快地入园，不带无关物品，特别是危险物品来幼儿园，有礼貌地和老师、小朋友见面问好。

2. 幼儿能够有礼貌地和家长告别，向爸爸妈妈或长辈说"再见"。

3. 幼儿能够情绪放松地接受晨检，并学会告诉老师自己的身体有无不舒服的感觉。

4. 幼儿能够积极地参与到晨间活动中。

**晨间接待**

1. 幼儿入园前教师应做好活动室内外的清洁工作，开窗通风。

2. 教师以热情、亲切的态度接待幼儿和家长，与幼儿互相问好，指导幼儿使用礼貌用语，并以简洁的语言向家长询问幼儿在家情况，听取家长的意见和要求，做好个别幼儿情绪安抚及必要的交接工作。

3. 教师应利用晨间接待的机会与幼儿进行情感交流，观察幼儿的情绪及健康、安全状况，有计划地进行个别教育。

4. 观察幼儿的衣着是否整洁，及时整理好幼儿服装，提醒并督促幼儿将脱下的外衣折叠整齐，放在指定地点。

5. 指导中大班幼儿做好值日生工作，如收拾整理室内环境、玩具柜、活动角等。

6. 清点人数，做好点名记录。

**晨间检查**

幼儿每日入园按要求进行晨检，保教人员一定不要疏忽晨检环节，晨检用品应配备齐全、符合要求，并要做好晨检记录。

1. 晨间检查：由保健教师进行，其他教师配合。

2. 晨检内容：一摸，摸是否发热；二看，看咽部、皮肤、精神状态；三问，问饮食、睡眠及大小便情况；四查，查有无传染病，并仔细观察幼儿有无携带危险物品，如检查出孩子带有危险物品时先帮孩子妥善管理，随后告之家长，引起家长注意。

3. 检查记录：发现异常及时记录，特别是对有疾病的幼儿要全日观察并详细记录。

4. 晨检物品：弯盘内放置酒精棉球、体温表、压舌板、手电筒、消毒巾、笔和本子等。

5. 喂药：由保健人员喂药，保健药品不允许带到幼儿园来吃。

**晨间活动**

1. 晨间室内自选活动

(1)组织幼儿室内活动，准备好玩具、材料和体育活动器械，引导幼儿按自己的意愿参加喜欢的各种活动，激发幼儿的兴趣，为幼儿创造人人参与活动的机会。

(2)晨间室内自选活动一般以分散活动、自由活动为主，方便幼儿随时自主加入活动。教师应参与到幼儿的活动中来，并注意对幼儿的观察引导，注重个别教育，使每一个幼儿在自己原有水平上得到提高。

(3)培养幼儿良好的行为习惯，爱护玩具，爱护活动材料，活动结束时教师和幼儿一起收拾、整理好玩具等所用物品。

2. 晨间户外锻炼活动

(1)晨间户外锻炼活动应尽量将所有的运动区域同时向幼儿开放，幼儿按自己的意愿、爱好选择运动区自由结伴，在积极的、自主活动的基础上积累运动经验，增强幼儿体质，提高对环境的适应能力，体验运动的快乐并建立团结友爱的伙伴关系。

(2)活动中教师必须给予幼儿必要的指导与提醒，重视运动器械、活动场地的安全性，加强对幼儿安全意识的培养和自我保护方法的指导，使幼儿获得自我保护的经验。

(3)活动结束时，教师和幼儿一起收拾、整理好材料器具。

## (二)早操及晨间谈话

### 早操

1. 早操前十分钟让幼儿做好参加早操活动的准备，操前检查幼儿穿戴，帮助幼儿整理衣裤、鞋带。

2. 早操内容要丰富，编排要科学合理，音乐选取恰当，旋律清晰，能够调动幼儿情绪，让幼儿体验到运动的快乐。

3. 老师领操要穿着得体，并做到精神饱满地组织早操活动，口令规范、响亮有力，示范动作正确到位。

4. 幼儿能按音乐节律做操，动作整齐，教师要注重个别指导，发展幼儿基本动作，纠正幼儿不正确姿势，不断提高动作质量。

5. 幼儿在做操过程中所使用的器械要安全、卫生，爱护器械，轻拿轻放。

6. 教育幼儿坚持做完操，排好队列返回教室，不推挤、不打闹，注意安全。

### 晨间谈话

早操结束后，教师要面向全体幼儿进行谈话，谈话的内容主要是对晨间活动的小结和对下一步活动的要求。谈话要在亲切自然的气氛中进行，要有明确的目

的性，能及时发现并解决出现的问题，又能调动起幼儿参加集体活动的积极性。谈话要简短，应允许幼儿发表自己的意见，注意随机教育。

### （三）教育活动

**对幼儿的要求**

1. 活动前逐渐转入安静状态，看老师的手势迅速回到座位保持安静。

2. 能积极、愉快地参加各种集中活动，勇于探索，快乐学习。

3. 在老师的指导启发下，逐渐养成动脑、动手和手脑并用的习惯。

4. 在活动过程中，积极思考，踊跃发言或提问。不干扰别人，不和小朋友发生争执，不影响活动秩序。能够运用已获得的简单知识与技能解答问题。

**对教师的要求**

1. 教师要做好教育活动前的准备工作。如教学场地的安排与卫生，教学预案与活动计划的设计，教具与学习材料、活动材料的准备。教学内容应富有科学性、教育性、艺术性、安全性，适合幼儿实际需要，容量适当，能引发幼儿的学习兴趣和探究欲望，提高教学活动效益。

2. 教育过程既有知识传授，又重视兴趣培养、智能发展和思想品德教育。面向全体，尊重差异，注意教育过程中的启发性指导和随机教育、个别教育。教学形式要灵活多样，活动以游戏形式为主，尽量让幼儿人人有亲身体验、操作的机会，充分运用感官，动脑、动口、动手、启发幼儿学习的积极性、主动性和创造性，保教并重，寓教于乐。

3. 教师教态亲切自然、情感真挚，坚持运用普通话教学。教学用语要准确规范、清晰、生动形象、富有童趣，注重与幼儿的对话与情感交流。注重培养幼儿良好的学习习惯，活动中注意指导幼儿握笔及书写姿势的规范。

4. 引导幼儿养成上课认真听讲，积极举手发言，大胆大声回答的良好习惯。关注幼儿在活动中的表现和反应，鼓励幼儿大胆探索与表达，并给予幼儿积极性的应答，教育教学评价要以过程性评价和鼓励性评价为主，能真诚赏识并及时地给予指导和肯定。活动结束后要记录和分析幼儿的学习情况和活动成功或失败的原因，以总结经验，积累资料，不断地改进教育方法，提高教育水平。

5. 教学活动结束后，保证幼儿有不少于10分钟的自由活动时间，提醒幼儿喝水、如厕、便后洗手，并检查幼儿服装，脱去过多的衣裤。教师在课间要加强防范安全，以免事故的发生。

## （四）饮水

1. 保温桶应始终有适宜温度的开水。根据幼儿活动情况及气候变化及时提醒幼儿饮水，随时关注班级饮水桶内水量和水温，注意幼儿接水时的安全。口杯要在幼儿使用之前消毒，每个幼儿的口杯应放在口杯柜中固定的地方。

2. 组织和提醒幼儿喝水，培养幼儿良好的饮水卫生习惯。用自己的口杯喝水，喝水时不说笑，不浪费开水，口杯用后放回原处。

## （五）如厕

1. 指导幼儿正确使用厕纸，便后洗手并整理好衣裤，对幼儿进行卫生常识及环境卫生的教育。

2. 不限制幼儿如厕。如厕管理不能松懈，避免幼儿碰到桌角、暖气，掉入便池，滑倒摔伤。

## （六）盥洗

1. 做好盥洗前的准备工作，备好盥洗用品。教给幼儿正确的盥洗方法，认真观察、指导幼儿的盥洗。

2. 教育幼儿遵守盥洗规则，盥洗时不拥挤、不玩水、不浪费水、不浸湿衣服和地面，培养幼儿自觉盥洗的良好习惯。

3. 幼儿集中洗手时，盥洗室一定要有教师，盥洗结束后教师逐一检查，带领幼儿离开盥洗室。

## （七）进餐

**餐前准备**

1. 进餐前半小时安排幼儿安静地活动，防止幼儿过度兴奋，影响食欲。组织幼儿有秩序地排队洗手，回到教室后安静地坐在座位上等候吃午餐，做好幼儿进餐的准备工作。

2. 指导值日生工作，擦净餐桌，准备餐具，创设整洁、愉快的进餐环境，按时进餐。

3. 领取和分发食物。掌握与登记每餐主、副食的领取量，幼儿实际进食量和剩余量。

**就餐管理**

1. 就餐中，教师应精心照顾幼儿，轻声和蔼地指导幼儿正确使用餐具，逐步掌握独立进餐的技能。

2. 培养幼儿不挑食、不用手抓食物、不剩饭菜、细嚼慢咽、安静进餐的习惯。注意保持餐桌、地面、衣服的洁净卫生。

3. 多用鼓励、表扬的语言督促幼儿情绪愉快地进餐，严禁教师在进餐过程中训斥幼儿、议论与进餐无关的问题。一般情况下不要催促孩子快吃，特殊情况下允许孩子剩饭。

4. 使幼儿养成不剩饭菜的文明就餐习惯。进餐结束时，应教会幼儿有礼貌地离开餐桌，送回餐具，清扫地面。饭后及时漱口、擦嘴、洗手。

**餐后活动**

1. 餐后可组织幼儿进行5～10分钟的安静活动，如看图书、玩玩具等，禁止幼儿在走廊上追逐、打闹。还可以安排5～10分钟的散步，要求幼儿跟着教师有秩序地散步。利用散步引导幼儿观察自然，培养幼儿观察兴趣，教给幼儿观察方法，让幼儿学会观察。

2. 做好睡前准备工作。

## （八）午睡

**入寝**

1. 创设安静的睡眠环境。教师在幼儿午睡前首先应做好准备工作，如睡眠室的通风，拉好窗帘，为小班幼儿铺好床铺等，为幼儿营造舒适的睡眠环境。教育幼儿午睡前应先如厕，进入寝室保持安静，不高声讲话或嬉笑喧闹，脚步放轻。上床前教师应严格检查幼儿口袋里是否有小玩具、危险物品等。

2. 督促幼儿将鞋子的方向摆放一致，摆好之后轻轻上床。在教师的指导和帮助下有顺序地脱衣裤和袜子，并规定幼儿将衣服折叠好放在指定地方。

3. 整理好床铺，迅速盖好被子，不东张西望，闭上眼睛，安静入睡。幼儿躺下后教师要指导幼儿正确的睡眠姿势，引导幼儿尽快入睡。

**睡眠**

1. 教师应督促幼儿按时入睡，入睡率应达95％以上。午睡时，教师应留在幼儿身边，观察他们的睡眠情况，及时、细致地为每一位幼儿盖好被子，纠正不良睡姿，培养幼儿右侧卧或仰卧、不蒙头睡觉的好习惯。

2. 看睡教师不能随意延长或缩短睡眠时间，保持寝室内空气的流通，并加强午睡中的巡视。注意增加对体弱幼儿及个别幼儿的照顾和关注，可让需要睡眠多一些的幼儿和入睡晚的幼儿多睡一会儿。在巡视过程中，一旦发现幼儿神色异常应及时报告处理。

3. 看睡教师要坚守岗位，不得擅自离岗，不聊天、不看书、不睡觉。注意使难以入睡和醒得较早的幼儿进行安静活动，不出声响，不影响他人。午睡后，可以让小班幼儿逐个起床，让体弱需要睡眠多一些的幼儿和入睡晚的幼儿多睡一会；对于较大年龄幼儿，可以让他们在规定的时间内同时起床，共同整理好床铺。寄宿制幼儿园的幼儿在睡眠前和夜间醒来时，常常会想念亲人，教师应对幼儿倍加亲切，要走近他们爱抚地给他们盖好被子、道晚安。还应该按幼儿的习惯提醒小便，并注意逐渐减少次数。

**起床**

1. 按时请小朋友起床，认真询问幼儿的睡眠情况。

2. 指导并帮助幼儿整理床铺、按顺序穿衣服：上衣—袜子—裤子—鞋。教师要巡回进行检查并及时给予帮助，帮助幼儿梳理头发，提醒收拾整齐的幼儿如厕解便。

3. 注意观察幼儿的表现，发现异常情况及时与医务人员联系。

4. 教师做好交接班工作。

## (九)离园

1. 在幼儿离园前指导幼儿整理好活动室的环境、个人的仪表。老师要逐个检查并帮助幼儿整理好衣物、用具，教育幼儿不要私自将玩具带回家，培养幼儿勤劳、整洁、生活条理化等良好行为习惯。

2. 离园前老师与幼儿进行简短谈话，同他们一起回顾一天生活，巩固学习收获，表扬鼓励幼儿的进步，指导幼儿回家后的活动。对幼儿进行安全教育和礼貌教育，要求幼儿安静地等候家长，并主动与老师小朋友说再见。

3. 认真与家长做好幼儿交接，要严格确认接孩子的家长，陌生人接必须打电话联系家长确认，杜绝孩子自己回家，对未及时接走的孩子应组织适宜活动等待家长来接。与家长进行必要的沟通，及时将当日幼儿的有关情况告诉家长，以取得家长配合，从而达到家园配合共同教育好孩子的目的。

4. 做好物品清理及第二天各项活动的准备。关好门窗，检查水、电阀门开关。做好交接记录，如当日到班幼儿人数、幼儿健康状况、家长反映的有关情况，其他需要衔接的工作内容。

## 问题四　幼儿园常见的活动组织形式有哪些？
## ——灵活运用各类教育活动做好幼小衔接工作

幼儿园教育活动的组织形式主要有集体教育活动、小组活动、区角活动。集体活动是教师对幼儿进行的有目的、有计划、有组织的学习活动。小组活动是指将一个班级的幼儿分为几个小组，每组由教师带领开展不同内容的活动。分组教学能有效解决班级学生人数过多的问题，使教师能更好地关注每个孩子。小组活动只是小型化的集体活动。区角活动是指教师根据教育目标和幼儿发展水平，有目的、有计划地投放各种材料，创设活动环境，让幼儿在宽松和谐的环境中按照自己的意愿和能力，自主地选择学习内容和活动伙伴，主动地进行操作、探索和交往的活动。区角活动中有多项活动区域，主要有生活区、语言区、美工区、科学区、建构区、角色游戏区等。

在当代社会，幼小衔接问题是幼儿园与小学老师非常关注的问题。所谓幼小衔接是指幼儿园与小学教育的衔接，这是幼儿在其发展过程中所面临的一个重大的转折期，如果处理得不好，会对幼儿日后的发展带来不利的影响。《幼儿园工作规程》中明确指出：幼儿园和小学应密切联系，互相配合，注意两个阶段教育的相互衔接。因为幼儿教育是两个不同的教育阶段，它们既有联系，又有区别。二者的联系就是幼儿园大班的孩子与刚入学的一年级新生，在智力、体力的发展上没有很大差别，小学教育是幼儿园教育的继续；而区别在于幼儿园与小学的教学要求、教学方法、活动形式和管理制度等各方面都存在着非常显著的差异，这意味着幼儿需要放弃以游戏为主的生活，转入以学习为主的小学生活。《幼儿园教育指导纲要（试行）》明确指出："幼儿园应与家庭、社区密切合作，与小学相互衔接，综合利用各种教育资源，共同为幼儿的发展创造良好的条件。"这说明幼儿园有责任为幼儿升入小学做好各种衔接工作。

★案例★

开学已经一个月了，一年级学生雯雯每天早晨起床心事重重，上学时哭哭啼啼，到了学校不进教室，嚷着要回幼儿园上课，说小学学的东西没意思，每天都是写写抄抄，作业还很多，胳膊酸疼，一点玩的时间都没有。她很想回到幼儿园，脾气也变得很糟糕，家长为此很苦恼。

航航今年上一年级，从小好动，好探索，喜欢问为什么，自己做小实验、画画、看电视、玩玩具车、阅读都很专注。可老师跟家长反映航航在课堂上连10分钟都坐不住，经检查并非是得了多动症。现在航航不愿意上学，回家做作业老磨蹭，晚上睡觉也不踏实，航航的妈妈对此束手无策，苦恼不已。

### 分析

这样的情况在小学一年级学生中比较常见。幼儿园以游戏为主要活动形式，而小学则是集体教学，要求学生在 40 分钟的课堂上严格遵守纪律，两者有很大的不同。案例中的情况产生的原因有两个。一是孩子还不能适应小学的规则。幼儿园时期，孩子并没有真正脱离家长和老师的"掌控"。老师和家长呵护有加，教学是寓教于乐式的。进入小学，更多的事情要求孩子自己完成，更要学会团队生存，与同学建立良好的关系，孩子不适应。二是由于孩子无法适应另一种学习方式。心理学家朱智贤指出，进入小学的儿童思维的基本特点是从以具体形象思维逐步过渡到以抽象逻辑思维为主要形式。小学入学后，教学以及各种日益复杂的新的实践活动向儿童提出了多种多样的新要求。幼小衔接时期比较适合孩子的教学方式是循序渐进的快乐式教学。

### 策略

目前幼儿园常见的活动形式有集体活动、小组活动、游戏、观察、操作、表述、户外活动等。教师根据各种活动组织形式的特点、目的、功能和作用，合理恰当地安排一日活动和课程，针对即将升入小学的大班儿童进行有目的的、循序渐进的能力培养，做好幼小衔接工作，为幼儿的可持续发展奠定坚实的基础。

1. 培养时间意识

在幼儿园大班，按规定集体活动时间是 30 分钟左右，教师要注重动静交替，注重游戏，注重幼儿活动与参与。而小学上课时间规定是 40 分钟，与幼儿园相比静多动少，而且要求学生严格遵守课堂纪律。这对很多一年级小学生来讲无疑是一场严峻的考验。对此，幼儿园大班的集体活动时间可以适当延长，下学期集体活动时间安排在 35 分左右，让幼儿在心理上、时间概念上有所准备。同时，

为了营造小学的课堂气氛，从大班幼儿的身心特点出发，幼儿园在活动形式上多选择集体活动，在讨论活动中以小组为单位安排讨论活动。

2. 学习习惯的培养

开展相关活动引导幼儿，如"比比谁坐得好""谁的姿势最正确"等，帮助幼儿认识不良习惯的危害，从而养成良好的习惯。引导幼儿在集体活动时间里逐渐保持注意力的稳定和持久，尽量在活动后喝水和如厕。集体活动时要求幼儿专心听讲，积极发言，加强对幼儿进行注意力和思维敏捷性的训练。幼儿园可以开展"句子接龙""学说别人的话"等活动，培养幼儿良好的倾听习惯，使幼儿发自内心地对事物产生兴趣，培养幼儿内在的学习兴趣和动力，使他们顺利适应小学的学习生活。

3. 生活能力的培养

幼儿园大班应加强幼儿生活自理能力的培养。如准时上幼儿园，按时睡觉，管理好自己的物品，整理书包等。可以开展一系列活动，帮助幼儿了解小学生的书包里应该有哪些物品，怎样管理好自己的物品，学会整理书包，让幼儿在升入小学后能够有条不紊地学习、生活。针对有家长反映的幼儿不会主动喝水的问题，幼儿园可以采取模仿小学生喝水的方法。每名幼儿自带水壶，活动结束后由教师提醒幼儿自主喝水，使幼儿养成规律的喝水次数和时间。另外，可以利用区角活动时间，安排"今天我是值日生"活动，让每个幼儿擦自己的小椅子，看看谁擦得干净并评比。

4. 任务意识的培养

可以开展活动培养幼儿的任务意识。如"我是小小播报员"，让幼儿讲述发生在身边的小事件，"记录天气情况""记录植物生长的变化"等，每天离园时，把任务告诉家长，并在任务宣告板上写明"今天的任务"，使家长能够心中有数，与幼儿共同完成任务。这样能够帮助幼儿树立任务意识，培养幼儿坚持不懈完成任务的良好品质。

5. 规则意识的培养

为了使幼儿能够更好地适应小学学习生活，应注重培养幼儿的规则意识。在一日活动的各个环节中，教师应创设和利用环境，帮助幼儿树立规则意识，养成遵守规则的好习惯。教师可以把一些规则运用于游戏的情节中，使孩子通过游戏对规则有深层的理解。比如，在各个活动区制定游戏规则，做户外游戏活动时注重对幼儿规则意识的渗透，如果违反规则就要受到相应的"惩罚"，等等。通过各种活动，使幼儿对规则形成一种条件反射，有助于他们提早适应小学的活动常规。

在幼儿园大班阶段，通过各种活动形式和不同的方式方法，培养幼儿良好习惯，为幼儿顺利进入小学打下坚实基础，从而顺利度过幼小衔接阶段。

## 问题五 怎样上好一节幼儿园观摩研讨课？
## ——备课、说课、评课的技巧与艺术

幼儿园观摩研讨课是教师教学活动中不可缺少的教研活动，是幼儿教师专业成长的重要途径之一。教师备课、说课、评课的过程，是互动中获取经验、自我提高的过程，教师通过观摩其他优秀教师的公开课，可以快速吸收他人的专业知识、教学技能、教学方法、教学理念，提升自己的教学素养，使自己快速成长为优秀的专业教师。观摩活动还可以引出不同的典型案例的分析，提供多侧面、多层次看问题的角度和思路，促使教师更理性、更自觉地进一步学习、实践和发现，逐步创造出新的教学智慧。

### 一、备课

备课是教师在活动前的计划和准备，是教师依据教育目标、幼儿年龄特点和各学科特点，选择合适的教学方式，设计和优化教学方案，保证幼儿有效学习的一系列准备工作。它是上好一个活动的前提条件，要想活动"出彩"，备课是很重要的一环。幼儿园的"课"是指一个个生动有趣的活动，不仅包括教学活动，也包括生活活动、游戏活动和户外体育活动。备课时要精心设计，周密思考。思考越深入、具体，活动成功的概率也就越大。特别是对新教师而言，备课越充分，底气越充足。新教师在备课时往往容易出现这样一些问题：过于在活动形式上下功夫，每种形式都只是走走过场、蜻蜓点水、一过了之，导致形式大于内容、喧宾夺主，达不到真正的教育目的；过于在活动材料上下功夫，为了吸引幼儿兴趣，准备很多道具，致使孩子的注意力仅仅停留在材料的操作摆弄上，或准备的材料虽多，却没有层次性，幼儿探索空间不够；过于在"怎么教"上下功夫，设计活动"想当然"，将每个程序都想得很周全，但忽视幼儿会有哪些需求，对活动程序中幼儿会有哪些反应思考不够，对幼儿年龄特点把握不好。

幼儿教师备课的内容包括活动目标、活动选材、活动中的幼儿、过程与方法等。

37

1. 备活动目标

目标制定是否适宜，对活动成败起着决定性作用。目标是活动要达到的结果。制定目标时，要依据《幼儿园教育指导纲要（试行）》的精神，将各领域发展目标和本班幼儿的实际有机结合，将知识与技能、过程与方法、情感态度价值观有机结合。在目标表述上尽量用可以观察到的幼儿行为来体现，要设计知识、能力和情感等方面具体且针对性强的目标。目标以 2～3 条为宜，切忌过空、过大、过难，一定要和活动紧密结合。

2. 备活动选材

选材内容应贴近幼儿的生活，符合幼儿年龄特点，是幼儿易于接受和理解的内容，且具有"适度新颖性"的特点。教师要钻研活动选材，明确选材内容的目标和要求，将内容吃透。包括对重点、难点问题的分析和突破方法的思考。另外，还要深入挖掘选材的教育功能，充分发挥选材的教育价值。教育活动内容的选择体现以下原则：既适合幼儿的现有水平，又有一定的挑战性；既符合幼儿的现实需要，又有利于其长远发展；既贴近幼儿的生活来选择幼儿感兴趣的事物和问题，又有助于拓展幼儿的经验和视野。

教育活动内容的组织应充分考虑幼儿的学习特点和认识规律，各领域的内容要有机联系，相互渗透，注重综合性、趣味性、活动性，寓教育于生活、游戏之中。教育活动的组织形式（集体、个别、室内、室外）应根据需要合理安排，因时、因地、因内容、因材料灵活地运用。

3. 备活动中的幼儿

青年教师备课往往忽略对教育对象的认知规律、年龄特点和需求的考虑。教师要时刻铭记：幼儿是活动的主人。教师要尝试站在幼儿的角度思考问题，包括：幼儿喜欢怎样的学习方式；幼儿的已有经验有哪些；这样的提问是否合适，幼儿是否能理解；教具何时呈现能吸引幼儿兴趣，怎样摆放更便于幼儿活动；如何把握同一班级幼儿的不同层次和能力，如何进行个别指导等。

4. 备过程与方法

备过程与方法包括怎样导入活动、引发兴趣；怎样组织过程、突破难点；怎样联系经验、鼓励创新；怎样随机调整、灵活互动等过程。好的活动不是教师教会幼儿什么，而是幼儿主动发现了什么，获得了哪些有益于身心发展的经验，因此引导的方法很重要。"心中有目标、眼中有孩子"是有效引导幼儿获得经验的一把金钥匙。在教育活动过程中，教师应成为幼儿学习活动的支持者、合作者和引导者。

## 二、 说课

在教学工作中，可以把说课的方法简单地总结为"四个说，一展示"，"四说"即"说教材、说教法、说学法指导、说教学程序"；"一展示"指"展示自己参与设计的辅助教学课件"。

1. 说教材

(1)说教材内容及在教学中的地位和作用。通过分析所选活动主题的内容特点，指明其在整体或主题网络教学中的地位。

(2)幼儿现状简要分析。主要包括幼儿的年龄特点、身心发展状况，幼儿原有知识和基础技能的掌握情况、智力的发展情况；幼儿的非智力因素，包括幼儿的兴趣、动机、行为习惯、意志等发展状况。

(3)说目标。先说主题目标，再说本次活动目标，主要从情感、态度、能力、知识、技能等方面综合地表达出来，并能体现主题的教育要求，最后说确立此目标的依据。

(4)说活动重点、难点的确定和解决方法。

2. 说教法

说教法主要说明教学方法及教学手段的选择和运用。要根据教材的特点、幼儿的实际、教师的特长以及教学设备情况等，来说明选择某种方法或手段的依据。

说活动准备，包括活动前的准备(家长工作、社区协调、环境创设、资料收集、幼儿园活动等)，活动中的准备(即有关玩具、教具等材料，包括幼儿用书、教学挂图等)。

3. 说学法

说学法就是说出要教给幼儿哪些学习方法，培养幼儿哪些能力，并结合活动目标、教材特点、幼儿年龄特点具体地说出理论依据，主要说明幼儿要"怎样学"的问题和"为什么这样学"的道理。要讲清教师是如何激发幼儿学习兴趣，引导幼儿主动、积极探索的；还要讲出教师是怎样根据班级特点和幼儿的年龄、心理特征，运用哪些教育教学规律指导幼儿进行学习的。

4. 说活动过程

说活动过程是说课的重点部分，因为通过这一过程的分析才能看到说课者独具匠心的活动安排，它反映着教师的教学思想、教学个性与风格，也只有通过对

活动过程设计的阐述，才能看到其活动安排是否合理、科学，是否具有艺术性。说活动过程就是说明整个活动的流程，即各个活动环节的实施过程。按照活动的先后顺序说明每一环节所用的大体时间，重点说明主要环节的双边活动，要致力于活动难点和重点的突破。具体内容只需概括介绍，只要听者能听清楚"教的是什么""怎样教的"就行了，不能完全按照教案讲。注意，在介绍活动过程时不仅要讲活动内容的安排，还要讲清"为什么这样教"的理论依据（包括《纲要》依据、课程标准依据、教学法依据、学前教育学和学前心理学依据等）。

5. 展示自己参与设计的辅助课件

所制作的课件要起到突出本次活动重点，降低难度，以突破难点的作用。展示课件时还要简述自己设计、制作的思路和过程。说课要坚持从实际出发，不能搞一刀切。应因材、因时、因地、因人（幼儿、教师）的不同采取不同的说课方式和方法，提高说课的科学性和可行性。

## 三、 评课

听课、评课是教师在日常教学活动中经常性的、不可缺少的教研活动，是教师在互动中获取经验、自我提高的过程。因此，听课、评课是教师研究课堂教学、提高业务能力最有效途径。

评课就是对照教学目标，对教师和幼儿在教学活动中的活动及由这些活动所引起的变化进行价值判断。

1. 评教学目标

教学目标是教学的出发点和归宿，它的正确制定和达成，是衡量一堂课好坏的重要尺度。首先从教学目标制订来看，要看是否全面、具体、适宜。其次从目标达成来看，要看教学目标是不是明确地体现在每一个活动环节中，教学手段是否紧密地围绕目标，为实现目标服务。

2. 评选材

选材是否符合幼儿生活经验水平、认知规律以及心理特点，并具有挑战性；教师对教材的处理是否准确；是否突出了重点，突破了难点，抓住了关键；方法的设计是否具有游戏性和创造性。

3. 评教学程序

看教学思路、脉络、主线是否清晰、环节是否一环扣一环、层层递增；设计思路与实际教学操作是否符合。

4. 评教学方法和手段

看是不是量体裁衣，灵活运用；看教学方法是不是多样化；看教学方法是不是创新；看现代化教学手段的运用（如多媒体课件）。

5. 评师生互动关系

看能否充分确立幼儿在学习活动中的主体地位；看能否努力创设宽松、民主的教学氛围，教师与幼儿的融洽情况；活动现场师幼互动是否具有质量；教师现场对幼儿的观察与引导是否有意义；是否与幼儿实现有效的互动。

6. 评教师的反思与答辩

看教师课后的反思是否有价值、有效；看教师从反思与答辩中反映出的专业水平；反思与答辩也是一种语言艺术。

7. 评教学特色

即看整个活动的亮点体现在哪里。

听课、评课是一项重要的常规教研活动。经常开展听课、评课活动，有利于对教学问题准确诊断、正确决策，有利于激励幼儿园教师优化教学艺术，促进幼儿园教师间相互学习、切磋技艺、交流经验，提高幼儿园教师的教育教学水平，使幼儿的发展真正落到实处。

## ★案例★

在一次教学观摩活动中，教师准备了多种材料引导幼儿吹泡泡。教师先拿出一支吸管，让幼儿猜一猜它能否吹出泡泡，幼儿齐声说"能"，于是教师演示了用吸管吹泡泡的过程，然后要求幼儿尝试；接着，教师又拿出一只纱网，也要求幼儿猜测，同样教师演示了用纱网吹出泡泡的过程，随后幼儿尝试操作了一番。之后教师总结道：凡是有孔的材料都能吹出泡泡。最后，教师拿起一根能弯曲的细铁丝，问幼儿："这是什么？它能吹出泡泡吗？"幼儿有的说能，有的说不能，教师说道："我说它能吹出泡泡。"这时，一名幼儿马上大声说："老师说的话都是对的！"教师一时不知道怎么接这个话题，只是笑着问："是吗？老师说的话都是对的吗？那让咱们看看这根铁丝到底能不能吹出泡泡。"接下来教师进行了操作验证，当然，这根铁丝经过弯折确实能吹出泡泡。但在之后的过程中，教师再没触及与孩子说的那句话相关的话题。

事后，参加观摩的教师对幼儿为什么会说出这么一句话来、教师是否应该及时回应幼儿以及当场的回应是否恰当等问题进行了热烈讨论。

### 分析

对于每一位幼教工作者来说，这样的事情时常在我们的身上发生。从案例可以看出，教师面对教学活动中产生的"意外"问题没能进行很好的处理，折射出教师的教育理念仍然比较传统，教学活动中，教师只注重知识的传授，忽略了对学生主动探索精神的培养，幼儿得到知识只是从教师那里看到和听到的，而不是真正通过做而得到。教师应改变教育方法，让幼儿亲自参与到实验中来，发挥幼儿的主动性。案例中的教师没能积极应对幼儿提出的问题，没等幼儿探究就马上给出答案，忽视了"教师主导，幼儿主体"的原则，当幼儿说出"老师说的话都是对的"时，教师没有抓住契机引导幼儿进一步探讨，而是采取回避的方式，肯定自己的之前预设。教师应创设问题的情境，对幼儿进行引导，通过提出问题，让幼儿通过实践自己找出答案，引发幼儿的质疑，培养独立思考的能力，并且要让幼儿知道"老师的话并不一定都是对的"。对于教师来说，观摩活动不仅可以互相学习和借鉴经验，也可以让主讲教师通过此次活动发现问题、总结教训，从而更新教育观念、提高教学水平。

### 策略

1. 幼儿教师要以关怀、接纳、尊重的态度倾听、支持、鼓励幼儿大胆探索和表达，遵循"教师主导，幼儿主体"的原则。

2. 幼儿教师要善于发现幼儿感兴趣的事物、游戏以及偶发事件的教育价值。要及时抓住教育教学环节中的契机引导幼儿进一步探讨，而不应该采取消极对待的方式。

3. 随时随地关注幼儿在活动中的表现和反应，敏感地察觉他们的需要，及时以适当的方式应答，形成合作探究式的师生互动。

4. 尊重幼儿的发展水平、能力和经验、学习方式等方面的个体差异，因人施教，使每一位幼儿都获得满足和成功，引发幼儿的质疑，培养幼儿独立思考的能力。

上好一节观摩研讨课，需要幼儿教师掌握好备课、说课、评课三个方面的学问和技巧。

## 问题六　混龄班幼儿教育的困惑有哪些?
### ——对混龄教育的分析

"混龄教育"是由幼儿教育家玛丽亚·蒙台梭利提出来的，是指将3～6岁不同年龄阶段和发展水平的幼儿按照一定的模式加以组合，放在同一个班内游戏、生活和学习，以促进幼儿认知和社会性发展的一种教育方式。与混龄教育相对的是同龄教育，它是将同一年龄的幼儿安排在一个班级的一种传统的教育模式。

玛丽亚·蒙台梭利认为不同年龄的幼儿之间的相互交往，可以扩大彼此的交往空间，掌握交往的技能，形成正确的交往态度，养成良好的亲社会行为(如关心、分享、轮流、谦让、协作等)，有助于幼儿健康个性的形成。分享作为亲社会的一种表现，是指个体与他人共同享用某种资源。儿童分享行为的培养一直是幼儿教育学界的一项重大课题，它对于个体品德的发展和社会适应能力的培养具有重要作用。研究表明，儿童的分享行为会受到一系列因素的影响，如儿童的性别、个性、心境、移情能力、被分享物品的属性和分享对象等。诸多西方国家的幼儿园编班是混龄的，混龄编班是一种传统的幼儿园教育模式。混龄编班可以分为两种形式：大跨度编班和小跨度编班。大跨度编班包括托大班混龄、小大班混龄、小中大班混龄。小跨度编班包括中大班混龄、小中班混龄。近年来，我国对于混龄编班的方式越来越关注。

有家长如是说："年龄不一样大的孩子在一个班，他们会友好相处吗?"

"我家可可喜欢模仿，她会学到大孩子身上不好的行为习惯吗?"

"大孩子和小孩子在一起学习，会不会相互干扰? 会不会学不到东西?"

"老师会不会关注年龄小的孩子多一些? 而忽略年龄大的孩子?"

幼儿园刚开设混龄班级的时候，家长经常忧心忡忡地说出他们的顾虑，他们有这样的顾虑和担心是很正常的。混龄班级的状态是怎样的呢? 还是让我们看看孩子们在一起的情景吧!

情景一：小班的东东把带鱼放到彤彤面前："姐姐，我不会吃带鱼，给你吃吧!""不行，东东，带鱼的营养可高啦，多吃会变得聪明哦! 我教你吃。"说完，她给东东示范怎样吃带鱼：先把两边的鱼刺取出，再用舌头把小刺舔出来……讲得很仔细，示范得也很认真。

情景二："妹妹，你在里面走，让我走在外面，我可以保护你。"婷婷拉着依

依一起在幼儿园散步。"婷婷姐姐，这是什么树啊？""这是桂花树，你看看它的花是黄色的，闻一闻，香不香啊？""婷婷姐姐，你看不到金鱼了吧？你往我这里站，这样你就能看到了！"

情景三："哥哥，你折的钢琴真好看，能帮我折一个吗？""当然可以了，你要认真看，等长大了你就会折钢琴了。""好的。等我长大一岁也可以做小哥哥了吧？"

开设混龄班的目的就是扩大幼儿的接触面，有更多的机会和不同年龄的儿童相互交往，在这一过程中学习与人交往的态度和技能，学会关心、分享、交流、合作等社会行为，为形成积极健康的个性奠定基础。可以说为它幼儿提供了一个近似家庭的生活学习环境，让他们互相学习，从而达到共同促进、共同发展的目的，促进幼儿社会化的发展。混龄教育对幼儿身心和谐发展，特别是情感学习具有独特价值，可以角色转变，促差异互补。年龄不同的幼儿，身心发展有所差异。同龄班中，认知发展稍迟缓的幼儿无法与同伴同步学习，常常会有消极的情绪。但在混龄班中，可与年龄较小的幼儿一起学习，获得再学习的机会，幼儿互相取长补短，各取所需，共同发展，体验成功的喜悦，培养自信心。对年龄小但是发展较快的幼儿来说，有机会与年龄稍大的幼儿一起学习，能够快速提高各方面的能力。

在混龄教育活动中，不同年龄的儿童在一起工作、游戏，增强了群体互动的复杂性和层次性，与异龄同伴交往带来的角色体验、心理体验和沟通方式的变化对幼儿提出了新的人际关系的挑战。同时，随着年龄的增长和环境的变化，以前是弟弟妹妹的幼儿，现在可能就成了哥哥姐姐，这样幼儿的角色也在不断变化，促进他们不断适应和接受新的角色。这种较为复杂的动态小型社会环境，为幼儿的情感发展提供了动力和源泉。

★案例★

"妈妈我爱你"——三八节的混龄活动。老师分别为各年龄层次的幼儿提供了彩色的小吸管、线、贴画、彩色卡纸等。大班的小朋友在卡纸上剪出爱心的形状，并用水彩笔进行装饰；小班的小朋友撕贴画，在爱心卡上进行装饰，完成后再共同用剪下的彩色吸管穿出美丽的项链。6岁的牛牛做事有些急躁，没什么耐心，学习中遇到困难常常会退缩。这次牛牛和 4 岁的格格结为一组，格格一直专注地看着牛牛剪卡纸，非常美慕。牛牛剪的时候特别认真，也很自信。

"哥哥，我也想用剪刀试一试，好不好啊？"

"可以啊，但是你要按照线来剪，还要注意不要剪到手哦！"

叮嘱完以后，牛牛把剩下的部分让给格格来剪，虽然有的地方格格剪得不是很整齐，但大致的轮廓已经剪出来了。牛牛自豪地说："我教会妹妹用剪刀啦！"

格格在穿项链的时候，珠子总是从绳子另一头掉下来，反复穿了三四次，渐渐失去了兴趣。这时，牛牛帮格格在绳子结尾处打了一个结："你看，这样就不会掉啦！"格格开心地鼓起掌来。小朋友们互帮互助，友好团结，共同体验给妈妈制作爱心卡的乐趣。

端午节，大班的哥哥姐姐和小班的弟弟妹妹一起观看有关端午节的图片，看奶奶包粽子，学习编鸭蛋网兜、装饰鸭蛋、品尝粽子，在一系列的活动中，让孩子们对端午节的风俗习惯有更全面的了解，体验节日的快乐。在装饰鸭蛋的过程中，有几个小班的小朋友说："老师，我不会画。"老师并没有给他们做出示范，而是请小班的小朋友看哥哥姐姐是怎么画的，他们用了哪些漂亮的颜色，可以用什么图案进行装饰等。小班的小朋友们开始模仿哥哥姐姐的方法进行装饰，大班的小朋友还主动帮助个别能力弱的小朋友，并不时地提醒他们："还可以加上彩色的花边""可以用小圆点装饰""小心不要画到手上"。

### 分析

在混龄活动中，小的孩子喜欢模仿大的孩子，大的孩子会努力做得更好，给弟弟妹妹做好榜样。一个儿童在混龄班中的角色是动态的，是会不断变化发展的，如从最初的被照顾发展到照顾别人，从一个"弱者"，努力地学习"强者"，发展成为"强者"。随着年龄的增长、身体的发育，他们的心理、社会角色也在不断地发生变化。混龄教育活动为儿童的这种发展变化提供了有利的条件。由于幼儿这种不同社会角色的转换，使得他不断调整自己的行为，控制自我的能力，逐渐内化为一种良好的学习习惯。混龄教学活动可以有效促进幼儿学习的主动性。

在幼儿的团体生活中，有许多教育资源，而同伴是幼儿学习的重要教育资源之一。在混龄活动中，虽然幼儿的发展水平因年龄的不同而存在着很大的差异，但正是这种差异，给了幼儿更多了解他人、向同伴学习的机会。幼儿是好模仿的，而模仿最好的对象就是伙伴，这是成人代替不了的。不同年龄的伙伴在一

起，可使他们每个人在某些时候成为别人的"老师"，互帮互学，树立合作意识。教育家艾伦研究发现，同伴教学对扮演教育者角色的儿童有正面的影响。幼儿喜欢比自己大两三岁的同伴指导，学习效果并不比教师或其他成人直接指导的差。混龄模式以大带小、以小促大的氛围，使得幼儿相互为师，善于互相帮助。幼儿之间的合作是一种自发的行为，真实而自然。他们在混龄活动中，会根据各自不同的知识背景和经验，为实现共同的目标出谋划策。

**策略**

1. 游戏策略

混龄活动中，小孩子与大孩子一起游戏、生活，因而有机会向大孩子学习并得到他们的帮助，大孩子也能找到自己应有的位置，他们在一起，合作的机会多，竞争的压力小，合作成功的概率高。如幼儿园教师设计一些混龄游戏，大家一起观察、讨论与动手操作，共同探索完成活动。孩子们在相互效仿、帮助中体验合作成功带来的喜悦，大大提高了幼儿间相互合作的主动性，增强了幼儿的合作意识。

2. 指导策略

混龄班孩子的发展水平存在差异，教师要提供不同的并且充足的材料来满足不同年龄幼儿的需要，应针对不同幼儿的发展水平，给予不同的问题和任务，把每个幼儿从低水平向高水平引导。教师要善于创设问题情境，提问时要针对不同孩子有不同难易程度的问题，多向孩子反问为什么。

3. 家园合作

《幼儿园教育指导纲要（试行）》中明确提出，家庭是幼儿园最重要的合作伙伴，应本着尊重、平等、合作的原则，争取家长的理解，支持和活动参与，并帮助家长提高教育能力，共同促进幼儿发展。有研究表明，家长参与幼儿园活动的多少与幼儿身心发展的总体水平呈正相关，家长参与幼儿园的活动越频繁，幼儿身心发展的水平也就越高。因此，可以通过家长会、讲座、观摩课、家长开放日等常规活动，让家长对混龄教育充满信心，并使其对混龄教育的优势加深理解，做到主动配合幼儿园的混龄教育。此外，家长可以利用节假日的时间相互邀请、做客，结伴去社区、郊外等开展一些有益的活动，充分利用自然环境和社区的各种教育资源，以扩展幼儿的学习和活动的空间。

一些认知发展的研究表明，相互交往的幼儿，无论年龄大小，当他们处于不同的理解水平时，认知冲突就会产生，在解决同一问题时，理解水平相对较低的幼儿更可能向理解水平较高的幼儿学习，同时提高自己解决问题的能力。混龄教育确实有利于幼儿身心的全面和谐发展，但带给我们的挑战也是显而易见的。作为一名幼儿园教师，必须学会与幼儿交往，善于观察幼儿，大胆合理地采取开放、个别的教育，学会针对共性以及根据每个孩子的不同特点和发展水平进行个别指导，让孩子能够自由地学习，充分地思考。同时，在教育过程中，充分发挥"儿童教育儿童"的方法，使每个孩子身心同步成长。

## 问题七 怎样创设动态的幼儿园教育环境？
## ——幼儿园教育环境创设策略

　　幼儿园的环境创设是指幼教工作者根据幼儿园教育的要求和幼儿身心发展的特点规律，充分挖掘和利用幼儿生活环境中的教育因素，并创设幼儿与环境相互作用的活动情景，把环境因素转变为教育因素，促进幼儿身心主动发展的过程。

　　环境包括物质环境和精神环境。幼儿周围生活中的物质环境主要是有形的、看得见的、摸得着的自然环境、家庭环境、幼儿园环境、社区环境等。精神环境主要是隐性的、无声无形的，如家庭成员间的人际关系、幼儿园制度、课程模式、活动方式、教师素质等。《幼儿园教育指导纲要（试行）》提出："环境是重要的教育资源，应通过环境的创设和利用，有效地促进幼儿的发展。"环境是人赖以生存和发展的物质、心理、社会等条件的综合，是幼儿教育和发展的宝贵资源。

　　幼儿园环境作为一种"隐性教育课程"，在开发幼儿的多元智能、促进幼儿个性和谐发展等方面发挥了独特的功能和作用。良好的幼儿园环境就像一个"会运动的生命体"，会随着幼儿的身心发展变化而改变，孩子们可以在与环境的相互作用中不断促进自身的发展。因此，如何创设一个动态的幼儿园教育环境，让孩子与环境实现真正的"对话"并在"对话"中得到全面发展，应成为我们关注的焦点。

### 一、幼儿园环境创设中存在的主要问题

#### 1. 环境创设的主客体关系不明确

　　幼儿园教育环境大多数由教师设计布置，很大程度上只是追求美观，为的是美化环境，缺乏对环境教育作用的考虑，幼儿动手操作的机会很少，教师提供给

幼儿可操作的材料也较少，找不到师幼互动的内容，幼儿的作品大多是拿来作为环境的点缀，这样会使幼儿缺乏学习和探索的兴趣。

2. 环境创设的内容过于简单

有的教师认为，既然环境创设要求孩子参与，那么最简单的办法就是把孩子的画、孩子的手工作品贴到墙上，这样既省时省力，孩子也一定会喜欢。但实践证明，这样的"作品展示"类环境在幼儿园的教育教学活动中的实际意义很小。另一方面，教师在环境创设过程中过于求新、求奇，没有从孩子的实际需要出发。

3. 环境创设过程过于主观化

环境创设过程缺乏连贯性，随意性太强，不利于幼儿养成秩序感和系统地获得知识。一个好的环境创设，是具有整体性的，是一个系统，从班级设定到环境布置，都是具有一贯性的。有的教师认为环境创设应该与课程主体相一致，一个主题实施结束以后赶忙换成另一个主题，把前一个主题布置的环境全部推翻从头再来，这也是不科学的。

## 二、 区域游戏环境创设的原则

1. 自然性原则

在有效的空间里，利用桌子、椅子、移动玩具柜将活动室分为几个区域，并利用走廊的环境创设不同的区域，让幼儿有自主选择的余地，能够专注游戏，减少喧哗和干扰。用不同的铺设物来暗示区域的划分，如地毯、泡沫板等，这样既能区分区域，又可增加互动。各区域间幼儿的走动要有清楚的走动线路，而不能随意穿插，以免影响别人正常游戏。

2. 融合性原则

将性质相似的区域设置在相邻的位置，使幼儿之间能够互动。如手工作坊和娃娃家、音乐表演区相邻，做好的作品可以放到娃娃家里，给幼儿观赏，还可以送到表演区，给幼儿穿戴。益智区和建筑区相邻，使幼儿动手动脑结合，激发创意。

3. 多样性原则

在每一个区域中都提供分类架和游戏筐，使幼儿便于取放和整理。在一个区域中，有几类活动材料，如益智区中，我们把拼图、计算、分类、走迷宫的材料放在一起；在美工区中，有撕纸、剪纸、纸条编织、泥工、做纸浆、瓶子装饰等材料；在运动区，可以扔飞盘、捉尾巴、打保龄球等。幼儿可以运用已有的知识、经验综合性地玩，从而提高幼儿的游戏水平。

4. 整合性原则

区域活动并不是独立的教育活动，它是幼儿园整体教育的有机组成部分，因此需要将区域活动的设置与幼儿园的主题教学进行有机的结合，即班级主题环境与区域环境相融合，成为一个整体。

5. 互动性原则

区域环境都是幼儿能直接操作、直接游戏的，同时鼓励幼儿参与环境的创设，师幼共同收集材料，为活动提供开放式的环境。鼓励幼儿制定规则，随时改变区域的人数。如我们在科学区投放了一盒磁力棒，引起了幼儿极大的兴趣，一时该区域内"人满为患"，如何解决科学区的拥挤现象呢？通过研究讨论，幼儿和教师一起找到了答案：可在每个区域边上贴几个小口袋，让幼儿插牌，如果口袋插满了红牌，说明人满了，这样幼儿在"满员"的情况下必须学会等待或先到其他区域活动，这样通过环境的暗示改变了原来的拥挤现象。

6. 让环境具有动态性

如在科学探索区中，我们将曲别针、螺丝钉、扣子和塑料管等混放在一个筐里，让孩子们体验磁铁的磁性，幼儿从亲自操作中得到游戏的乐趣。

7. 区域玩具配备的原则

区域玩具配备应遵循以下原则：安全卫生原则、坚固耐用原则、标准化原则、玩具的通用性原则、尊重幼儿个体差异原则、突出年龄特点原则。托班或亲子宝宝班重点考虑满足幼儿情感的需要，玩具多以柔软的材料和卡通形象为主；小班重点考虑发展幼儿感官，玩具突出颜色、外形、质地等特征；中班重点考虑训练幼儿的动作技能，玩具突出可操作性；大班以培养幼儿的交往、探索和合作精神为重点，玩具强调使用功能。

★案例★

每次幼儿园迎新生或者庆"六一"等活动需要布置教室环境的时候，都是我作为幼儿园教师想大显身手的时候，可是在今年的环保教育环境设计中，我却没有更好的思路，到底应该给幼儿一个什么样的教育环境呢？是否需要幼儿与我一起动手呢？

**分析**

幼儿园应为幼儿提供健康、丰富的生活和活动环境，满足他们多方面发展的需要。幼儿园的环境创设包括墙面装饰和区角布置，环境创设是幼儿园重要的教育资源，环境创设追求的不仅是美观，更重要的是作为寓教育和师幼互动相结合的场合和空间，是实施教育的手段之一。促使幼儿在与环境积极主动的相互作用中，认识个人以及生活共同体与环境的依存关系，感受和体验环境对自己的价值、作用和意义，从而喜爱环境，珍惜和保护环境。利用并开发丰富的物质环境和精神环境资源，自觉抵制环境中不利于幼儿身心发展的各种因素，优化、净化、美化幼儿的生活与教育环境；协同幼儿家庭、社区、幼教机构、社会等各方面力量共同为幼儿生成文明、健康、和谐的物质与精神环境。

**策略**

1. 让幼儿积极主动地参与到环境创设中来

环境创设的过程应是幼儿与教师合作的过程，幼儿教师要有让幼儿参与环境创设的意识，认识到幼儿园环境的教育性不仅蕴含于环境之中，而且蕴含于环境创设的过程中。因此，教师应与幼儿共同确定环境布置的主题、作品、风格等，并在课程实施过程中充分利用创设的环境，真正支持幼儿的发展。让幼儿参与布置环境，就是注重了活动的过程，而不仅仅追求活动的结果，在活动过程中，更有利于培养幼儿的习惯和能力。

2. 启发、鼓励和引导幼儿与环境相互作用

要使幼儿在与环境的相互作用中主动学习和发展，还必须有教师的启发、鼓励和引导，为此教师应做到以下几点：将收集材料和创设环境的过程作为幼儿的学习过程，在发动幼儿集体讨论决定区角布置或墙饰的内容后，教师应和幼儿一起准备材料并进行设计制作。在这个过程中，应充分调动幼儿的积极性，让幼儿利用已有的知识经验，通过看、听、问等途径获取信息和材料，发展他们获取信息材料的能力和探究解决问题的能力。实践证明，幼儿是否有自主选择和使用材料的权利在很大程度上影响着他们参与区角设置和墙饰制作的积极性，影响着幼儿与环境材料之间的相互作用。

3. 增强幼儿园环境的一致性和科学性

为了能够让环境为教育目标服务，应该考虑环境创设要有利于教育目标的实现，在创设环境时，对幼儿体、智、德、美四育不能厚此薄彼。应依据幼儿教育

目标，对环境创设做系统规划。幼儿园在制订学期、月、周、日及每一个活动计划时，都应考虑目标的一致性和连贯性，从而保证教育计划的顺利实施与教育目标的全面达成。

# 问题八　怎样制作多媒体课件？
## ——合理运用教育教学的另一种语言

"多媒体"是数字、文字、声音、图形、图像和动画等各种媒体的有机组合，并与计算机、通信和广播电视技术相结合，形成一个可组织、存储、操纵和控制多媒体信息的集成环境和交互系统。多媒体技术其传输信息的方式具有形象、生动、刺激强等特点，使幼儿园教学手段进入一个现代化的全新时期。科学合理地使用多媒体课件辅助幼儿园教育教学成为当下幼儿园教师的另一种语言。与传统教学手段相比，多媒体教学能化静为动、变小为大、声像并茂，改变了过去挂图、图片等呆板、单一的表现形式，使一些在日常生活中很难呈现或不宜观察到的过程能够形象地展现出来，大大提高了幼儿的学习兴趣和活动效果，扩展了幼儿的信息量。

但是，在使用多媒体开展教学的过程中，也出现了一些问题，这些问题同样值得我们关注。

第一，多媒体使用太滥。许多教师认为，要实现教学的现代化，必须使用现代化的教学手段。利用多媒体组织教学活动，就等于教学已经现代化了，紧跟形势，很时尚，于是在公开课、汇报课中滥用多媒体的现象比较普遍，不管活动是否需要，教师都要用多媒体辅助展开。比如：引导幼儿比较长短，教师一改过去实物操作的导入形式，编成故事让大屏幕出现两根绳子，请幼儿比较判断谁长谁短，并且从出示活动目标到活动准备、从演示活动过程到活动结束，几乎每个环节都用上了多媒体。再如：故事教学、儿歌教学中统统用大屏幕替代了木偶、指偶等传统教具。多媒体就像一根指挥棒，幼儿紧紧相随，且不说这样减少了幼儿自选活动内容的机会，更抢占了幼儿动手实践操作的空间，活动变成了"以多媒体为中心、以画面为中心"。这种滥用多媒体的现象看似场面热烈，教改味浓，实质是把多媒体当成了传统教学的新工具。

第二，多媒体操作技术太浅。利用多媒体展开教学，需要有大量的软件操作知识与技巧，这对于当前的幼儿教师来说是一个难题。尽管经过短期业余培训，

许多教师已掌握了计算机操作的粗浅知识，会制作简单的课件，但仍需要花费大量的时间和精力，由于受时间、精力及能力所限，使用的课件制作不精，过于简单，很难发挥其特有的教学辅助作用。在教学中，我们时常会看到一些简单文字加图片的课件，如讲动物怎样过冬，教师事先将各种动物图片扫描到电脑中，在活动中根据幼儿的提议将它们分别移入相应的"家"里过冬；多媒体只起到了替代图片的作用。由于教师缺乏相应的专业知识，只会单线操作，稍有差错画面只能重新开始，甚至出现只有画面不出声音，或有了声音看不到画面的尴尬局面。教师在教学过程中关注更多的是如何小心操作多媒体，这样，就不能很好地观察发现幼儿的反应，捕捉幼儿思维的火花。

第三，多媒体运用得太少。由于制作多媒体课件有难度、花费时间多，再加上目前幼儿园缺乏相应的专业技术人员，所以幼儿园在实际教学中使用多媒体的频率并不高，多数是在公开课、汇报课中使用。甚至有的幼儿园为了达标验收，匆忙购买设备应付过关，但教师根本不会操作电脑，设备购置后长期闲置，充其量不过是台打字机，多媒体成了充当门面的教学摆设。

制作多媒体课件是一个复杂的过程，涉及很多教育教学理论，是一种"综合性"创作，它集教育、技术和艺术于一体。我们在多媒体课件设计中应该注意到实用性、适应性、艺术性和交互性等问题。

★案例★

在开展"寒冷的冬天"的主题活动时，教师制作了课件"雪花"。随着悠扬的音乐声响起，电脑屏幕上，湛蓝的天空中一片晶莹的雪花缓缓从天空中飘落下来，接着两片、三片……漫天的雪花布满了整个天空。小狗看见了说："下盐啦！下盐啦！"小猫看见了说："下糖啦！下糖啦！"……小朋友们来了，用白雪堆起了可爱的小雪人，他们围着雪人唱歌跳舞。在多媒体课件创设的优美意境中，幼儿身临其境，感受着下雪的乐趣。

在"动物大世界"的主题活动中，幼儿对大灰狼产生了浓厚的兴趣。根据幼儿的热点问题，教师预设了音乐故事欣赏《彼得与狼》，故事中的人物用不同的乐器来扮演。为了让幼儿能更加直观地感受音乐所表现的内容，教师制作了"彼得与狼"的课件：画面上先出现长笛和小鸟的形象，长笛代表小鸟，长笛演奏的音乐轻快地流出；随后，画面上出现双簧管和小鸭的形象，双簧管代表小鸭子，扁平而沉闷的声音渐渐响起；弦乐四重奏就是主人公彼得……抽象的音乐元素与可视的动画形象有机整合，使视觉与听觉完美地结合在一起，帮助幼儿理解故事情节以及乐曲所表现的情绪，感受不同乐器的独特魅力。

"上幼儿园"是为小班幼儿提供的多媒体课件。考虑到小班幼儿的年龄特点，课件中只出现标题文字"上幼儿园"。课件中的主角有可爱的卡通动物，如凯蒂猫、南南兔、月月狗等。伴随着汽车喇叭声，动画卡通车开来了："凯蒂猫，你到哪里去？"凯蒂猫笑着说："我上幼儿园。"凯蒂猫乘的卡通车开走了；南南兔出现在自己的家门口，"南南兔，你上哪里去？""我上幼儿园。"南南兔乘的卡通车也开走了……此课件主题突出、色彩鲜艳、造型生动，在音乐的烘托下，幼儿的情绪被感染了，欢快愉悦的情绪激发了他们主动模仿小动物对话，感受着上幼儿园的快乐！

### 分析

恰当处理既体现界面美观又符合教育要求的媒体信息是幼儿园多媒体课件设计的关键。课件中涉及的媒体信息越多，其相互间的协调就越重要，如果处理不好两者间的关系，易造成人们感官的互相冲突，影响课件的整体使用效果。

1. 文字简明扼要

课件的文字不可缺少，但文字不是越多越好，过多的文字会破坏画面的整体感。幼儿年龄小，课件中的文字不宜太多，文字内容应力求简明扼要，突出重点。对于引导幼儿识字类的课件设计，应注意字体的规范，不要一味追求花哨，文字与背景的色彩对比要明显，可配以悦耳的音响效果。

2. 图形图像生动

清晰生动的图形、图像是课件设计的要素之一，因为这是幼儿最易感知和接受的表达方式。为此，实物图片颜色要鲜艳，选择的动物造型应加以筛选，可爱的卡通形象是幼儿最喜欢的伙伴。

3. 动画设计合理

动画画面的设计应简洁生动，构图均衡统一，色彩配置和谐明快，动画的色调与界面整体风格相符，布局合理。动画动作自然流畅，每个动画的设计要有目的性。

4. 声音优美和谐

在设计多媒体课件时，合理地加入一些声音对画面可起到辅助作用，能更好地表现主题内涵，吸引幼儿的注意力，提高学习的效果。声音包括解说、音乐和音响效果。解说起承上启下、穿针引线的作用，应力求做到生动流畅、通俗易懂、节奏合理、准确无误；音乐的主要作用体现为深化主题，烘托气氛、转换时空。

**策略**

多媒体课件的设计要求具体如下。

1. 便捷实用

所谓便捷实用，是指设计多媒体课件时注重方便简洁、易于操作的特性。对教师而言，拿到课件后在教学活动中根据提示能直接使用，就如同任何一件产品都附有产品说明书，购买者只需根据说明书的操作提示便可进行操作，课件也应该附有说明，如活动目标与要求、适用年龄、操作步骤及建议等，让使用者一目了然，方便操作。设计时要充分考虑使用课件的不同对象的实际需要，体现实用性。

2. 激发兴趣

在制作与主题活动相配套的幼儿园多媒体课件时，并非所有的内容都适合制作成多媒体课件。课件的选题尤为重要。选题要力求新、奇、趣，营造出新颖有趣的情景，激起幼儿的兴趣，充分调动幼儿多种感官，促使幼儿主动探索、积累经验。

3. 解决难点

幼儿园多媒体课件可以将生活中无法直接感知的现象真实、形象地模拟出来，弥补了常见教育手段的缺陷，使教学达到生动有趣的效果。音乐欣赏一直是教学中较难处理的一个问题，借助于多媒体课件能很好地将音乐与画面融合，帮助幼儿理解和感受音乐的特性。

4. 体现交互

所谓交互性，是指计算机和学习者之间的双向信息传递，即计算机可以向学习者输出信息，也可以接收学习者输入的命令，并根据命令做出相应的处理。交互性是幼儿园多媒体课件的最基本特点，有利于教师掌握幼儿的学习情况，根据幼儿的兴趣和需要调整学习内容，也有利于幼儿的自主学习。

# 问题九 怎样设计与组织幼儿园汇报表演活动？
## ——幼儿园大型活动的策划与组织

幼儿园大型活动是指有目的、有计划、非个别班级师生参与的、具有一定规模的教育活动。近年来，一些幼儿园根据实际情况组织开展了各种活动，如亲子迎新游园会、元旦快乐体操表演、家长开放日、快乐"六一"周活动、毕业快乐周末庆祝、毕业晚会等。这也是幼儿教育活动的一个组成部分。这些大型活动的特点是具有很强的目的性，但是涉及的人员比较多。因此，大型活动的组织、开展，应有一个全面的管理。应该如何来组织策划幼儿园的大型活动呢？

组织策划大型活动应遵循的原则有：系统性原则、渗透性原则、参与性原则、综合性原则、安全性原则和创新性原则。

大型活动的组织技巧有：大型活动与《幼儿园教育指导纲要（试行）》精神紧密配合，大型活动与日常教育教学紧密结合，大型活动与科研活动紧密结合，大型活动与教师的专业成长紧密配合。

## ★案例★

每个幼儿园都会在相应的节日开展演出或者运动会，尤其是在属于每个孩子的重要节日——国际六一儿童节。为了欢庆儿童节的到来，大多数幼儿园会提前几个星期，甚至一个月时间积极筹备，此外，在元旦、端午、中秋、圣诞等节日时，幼儿园也会自发组织一些活动，如主题展示活动、优秀宝宝展示活动、装扮圣诞老公公等，这些活动都需要带动孩子们倾情表演。在佳节里能看到孩子们欢欣起舞、隆重热闹的演出，无疑给不寻常的一天增添了无限的热闹氛围。

### 分析

幼儿演出活动是为了迎接节日的到来、传承民族文化，为节日增添一份喜庆色彩。幼儿教师首先可以针对节日的历史背景、民族文化特征等给幼儿讲一些小故事，例如，介绍端午节是为了纪念伟大的爱国诗人屈原，向幼儿介绍屈原的崇

高品质，人们每年端午节都会包粽子、赛龙舟等。让幼儿对节日充满兴趣，同时幼儿在参与排练或者演出时，通过一起活动，共同体验，表达一样的或不同的情感基调，促发幼儿相互学习、相互配合、相互促进，进而形成友好、愉快、协调的氛围。幼儿教师可以告诉幼儿，参加节日演出和运动会是集体凝聚力的重要体现，希望小演员、小运动员们能在舞台和赛场上充分展现出团结进取、蓬勃向上的精神风貌。

幼儿园开展的各类节日活动作为幼儿园重要的课程资源，应充分发挥其多方面的功能。设计和组织节日活动，教师应做好两方面的计划：一是利用常规的集中教育活动以及区角活动、生活活动让幼儿认识与了解节日活动；二是利用节日庆祝的形式让幼儿感受与体验节日的活动，借用活动达到教育幼儿的目的。

**策略**

第一，在活动前注重价值引领，要正确理解活动的目的。在每一次举行大型活动前，一定要明确举行大型活动的目的，即旨在促进教育教学质量的提高。

第二，注重经费节约，使每次活动的费用控制到最低，发挥最大的经济效益。如控制活动策划中的舞台背景、演出服装、演出道具等的成本。

第三，在活动前注重信息传递，使家长对活动的意义有充分的理解。充分利用家长资源，让家长自愿积极地支持和参与这些大型活动，使家长和教师都成为促进幼儿发展的主体，共同促进幼儿发展。让所有的家长了解活动的内容和意义，发挥家长的积极主动性。

第四，注重细节教育，力争尽善尽美。细节决定大型活动的成败。注重大型活动中的细节，并非是小题大做，而是要随时随地注重细节对幼儿成长的积极影响。

第五，注重活动后的反馈，让幼儿、教师、家长感受到活动的价值。活动成果的反馈可以通过主题墙、网络发布、宣传栏等来实现。

第六，注重活动后的反思，总结每次活动的经验与不足，包括活动的内容，幼儿、家长、老师在活动中表现如何，活动完成的情况等，并通过不同的形式进行互相交流，达到共同进步的目的。同时，注重活动后的资料归档、物品整理工作，保留活动资源。

举行大型活动，过程是困难重重的，但又是幸福的；是苦累的，但又是快乐的，我们在活动中收获喜悦和成功，分享集体智慧、互相帮助的感动。大型活动可以提升全体教职工的价值观与综合素质，促进幼儿园更好地发展。

# 第三部分
# 幼儿园家长工作

教育是个系统工程，由幼儿园、家庭和社会三方面共同组成。三者之间互相渗透、互相联系、互相制约。幼儿的年龄特点决定了影响其发展最主要的是幼儿园和家庭。因此，要促进幼儿身心健康发展，家庭和幼儿园两方必须相互支持、相互配合，家园互动形成合力。但家园互动的实现必须首先依赖于幼儿园主动开展家长工作。家长是幼儿成长中的第一任教师，也是幼儿最持久的教师。家长的教育理念和言行直接影响着幼儿的身心发展。他们对幼儿游戏和活动的关注以及所表现出的兴趣，与幼儿的进步、发展有着密切关系。家长与教师的有效合作，对幼儿的身心发展、游戏水平以及学习能力都会产生积极而深远的影响。家长不仅是幼儿教育的重要资源，更是幼儿园的重要合作伙伴。只有家长有效地参与幼儿教育，才能使幼儿真正健康成长。幼儿园教师要尊重家长，主动与家长沟通，并与家长合作，发现并利用社区和周边生活中的教育资源，合理地组织教育内容，达到教育的目的。

## 问题一  工作量大、责任重，家长不理解怎么办?
### ——认识家长工作的重要性

从横向看，幼儿家长有着不同的家庭背景，不同的文化层次，不同的人生经历，从而有着不同的育儿观，不同的处理问题的方式;从纵向看，处于不同年龄

阶段的孩子有其各自不同的特点，而家长也会随着孩子处于不同的阶段而产生不同的心理期盼。家长类型，从合作程度来分可以分为积极主动合作型、被动合作型、冷漠放任型。不管是哪一类家长，他们关注的焦点都是自己的孩子，关注的问题无非就是生活护理、教育教学、社会性发展这几方面。

《幼儿园教育指导纲要（试行）》中指出："家庭是幼儿园重要的合作伙伴。应本着尊重、平等、合作的原则，争取家长的理解、支持和主动参与，并积极支持、帮助家长提高教育能力。"幼儿教育不应简单地视作是幼儿园教育，幼儿家庭教育也应是幼儿教育的重要组成部分。幼儿园要想取得预期的教育成效，必须获得家长的支持和配合。良好的家长工作有助于建立有效的家园关系，促进幼儿健康成长，同时利于幼儿园的生存和发展。

## ★案例★

刚开学时，龙龙的爸爸每天至少一次电话询问孩子在园的情况。孩子刚进入幼儿园，做父亲的给予关心是很正常的，我总是能够耐心地听他询问，与他沟通。有一次，龙龙和涛涛在玩耍的时候，眼角上被涛涛抓了一下，出现了一条很小的抓痕。他爸爸又打电话来，指责我没有看护好孩子。我先是向他道歉，又向他解释孩子在幼儿园相互之间玩耍是很正常的，免不了会被抓或被推等情况，但是我们会更加注意孩子的一举一动。这之后的几天，他每天都会打电话来叫我看好他的孩子。一次，他又打来了电话，说我因为他多次的埋怨，不把孩子在幼儿园所学的内容以校讯通的形式发给他了。我感到非常委屈，但还是耐心地向他解释：现在每个星期的学习内容都会发给家长不会把他除外。虽然这只是极个别的现象，但这种对幼儿教师的不信任、不理解还是让我很困惑。

幼儿园开展活动，一位小班幼儿家长用数码相机拍下了许多有意义的镜头。第二天，家长将冲洗好的照片带到班上。离园前，老师将有幼儿镜头的照片分发到对应的小朋友手上。事后老师整理桌椅，做下班前的准备时，琪琪的妈妈拉着琪琪来了，她气冲冲地对老师说："为什么琪琪没有照片？你们做老师的真偏心，琪琪的座位也在最后面……"说完，拉着琪琪头也不回地走了……

**分析**

幼儿教师会面对不同性格、不同要求的家长，案例中的家长是比较常见的类型。每个孩子都是家长的心头肉，一点小问题难免会让家长感到自己的孩子没有受到老师细致的照顾。幼儿教师在平时的工作中要多听、多看，使自己对每名幼儿的活动情况都了如指掌，与家长沟通时让家长看到你的细心，从而让家长放心。此外，多与家长交流信息，让家长了解教师工作的辛苦，相互理解，避免不必要的误会和矛盾。

从案例中可以看出，家长对幼儿园开展活动的关注方式和支持程度不同。部分家长能主动参与幼儿园组织的活动且有主动关心的意识，还有一部分家长由于不了解活动及相关照片的缘由，但是又很在意活动中老师对自己孩子的关注程度，所以会发生这一幕。案例中教师处理照片的方法也有欠妥的地方。一方面，拍照片的家长是对班级工作的支持，教师对其应给予感谢；另一方面，教师应考虑到部分家长由于不清楚照片的来源，可能会对老师产生误会。教师可将这些照片作为布置主题墙或相关专栏的材料，设置一个关于此活动的集锦专栏。这样既能促进活动的深入，又能淡化家长对照片的过分关注。

**策略**

第一，应树立正确的家园沟通观，采取有效的沟通方式。在与家长沟通的问题上，幼儿教师要树立为家长服务的观念，耐心倾听家长的意见和建议，切实帮助家长解决育儿过程中遇到的难题，将他们视作平等的合作伙伴，真心实意做他们的朋友。在家长产生急躁情绪和冲动时要冷静，同时要学会体谅，换位思考。只要教师有诚恳的态度、恰当的方法，就一定能赢得广大家长的支持和理解。

第二，主动、热情地联系家长，让他看到你所付出的努力。每位家长都会有这样的疑惑：自己的孩子只是班级的几十分之一，老师有没有针对自己的孩子采取一些教育举措？因此，教师应该细心观察孩子的身体、心灵、情绪、学习习惯等，主动和家长交流，让家长明白自己的孩子在幼儿园是时时刻刻在被老师关注的。

第三，多赞美孩子，有利于与家长进行有效的交流、沟通。每位家长都期望自己的孩子是优秀的，希望得到他人的赞美与肯定，并因此获得愉快的心理感受与体验。来自老师的一句简单的赞美，家长都会感到无比的高兴，比自己得了大奖还要兴奋，而这种兴奋的心情会转移到孩子身上。妈妈或爸爸亲亲孩子的小脸，把孩子抱起来，高高地举过头顶，嘴里说着："好孩子，你真能干!"这种奖

励性的行为和语言，在一定程度上又会促使孩子继续努力。

第四，用真诚去感动家长。想和家长联络感情，首先就应该用真诚去感动家长。这样既可以让家长觉得老师亲切、好交往，还可以让家长放心地把孩子交给你，在以后的交流中也愿意主动告知孩子在家的表现。早晨，当教师迎着阳光，笑容可掬地站在教室门口时，家长听到孩子与教师亲切的问候，感觉到孩子在幼儿园就像在自己家一样让他们放心，或许家长一天的好心情就从此开始。下午，当老师微笑着，对工作一天后来接孩子的家长说："您的孩子今天学会了自己吃饭，真棒！"或许他们的劳累将在一瞬间减轻很多。当家长有事耽误了接孩子时，老师依旧微笑着对满脸歉意、心急如焚的家长说："您别急，没关系的。"家长也会因此多一份对老师的感谢、理解。

总而言之，教师与家长是共同教育幼儿的合作伙伴。因此，教师对待家长要真诚、耐心、平等，教师与家长要保持良好的沟通关系，共同营造融洽的、美好的教育氛围，这样才能更好地教育幼儿。每个家长都有各自的个性特征，由于职业、性格、文化水平等因素的不同，家长的教育观念、教育方法和对幼儿的评价也不尽相同。幼儿教师接受过专业训练，有一定的教育素养。教师和家长在观察幼儿的角度和了解幼儿的程度方面都会存在差异。幼儿教师在教育工作中遇到困难，不能取得令家长满意的效果时，有的家长可能会指责、埋怨教师工作做得不好。在日常教育中，有的家长对幼儿管理严格，有的则放纵溺爱；有的重能力发展、智力开发，有的要求识字写字、多长知识，了解到家长的不同想法和做法后，教师便可以有目的地与他们进行沟通。这就要求幼儿园教师在日常工作中认真观察，耐心细致地向家长反映情况，通过细致的工作感动家长，合力促进孩子更快更好的发展。

## 问题二　如何尽快赢得家长的信任与喜爱？
### ——发挥家长的主观能动性

《幼儿园工作规程》指出："幼儿园应主动与幼儿家庭配合，帮助家庭建设良好的家庭教育环境，向家长宣传科学保育、教育幼儿的知识，共同担负教育幼儿的任务。"因此，幼儿园应充分发挥做家长工作的主观能动性。但有不少家长面对年轻的幼师时会产生疑虑，担心他们经验尚浅、能力不足，无法放心地把孩子交给他们。年轻教师得不到家长的信任，那么作为年轻教师，该如何获得家长的信任和喜爱，从而更好地开展教育活动呢？

## ★案例★

　　浩浩的妈妈是一位中学教师，因此，她对我们幼儿教师常常不屑一顾，加之工作忙，对于幼儿园的活动也一概不闻不问，从不参加幼儿园的任何活动，也从不主动与老师沟通。但恰恰浩浩是典型的"一个宝宝两个样"，在幼儿园里特别乖，在家里却十分任性。他从小不吃蔬菜，妈妈非常着急，为此也伤透了脑筋。终于有一天他的妈妈皱着眉头对我说："我天天给他讲蔬菜有营养，吃了对身体好，可他什么也听不进去，逼着他吃他就大哭，最后搞得连饭也不吃了。老师，你说怎么办？"想到浩浩很听老师的话，我就建议他在幼儿园吃饭，家长抱着试试看的态度答应了。从第一天开始，我就鼓励他，让他只吃一点蔬菜，他高兴地答应了。因为他的妈妈一般不来幼儿园，于是我就将他的进步写到家长联系簿上，让家长在家里也及时予以表扬。第二天我又鼓励他比第一天多吃了一些菜，同样也在联系簿上。同时，我建议家长在买菜时带上孩子，让他与父母一起选择自己喜欢吃的菜，和孩子一起进行烹饪，在参与中提高孩子对蔬菜的兴趣，并告诉家长使用哪些话去鼓励他更有效。慢慢地，浩浩变得不只喜欢吃菜，还能向自己的小伙伴讲述吃菜的好处，鼓励小伙伴多吃菜了。浩浩的妈妈对此十分感激，她高兴地说："还是你们老师有办法，没想到让我们伤透脑筋的坏习惯让你们给改过来了。"从那以后，不管班级内有什么活动，浩浩的妈妈都积极参加，而且还积极主动地帮助老师做其他家长的工作了。

　　小小班的晶晶活动时和小朋友抢玩具，被小朋友抓伤了。晶晶的家长知道后，特别心疼，爸爸、妈妈、外婆分别来幼儿园抱怨，说老师没尽到责任，特别是晶晶的外婆，情绪很激动，说了许多不好听的话，而且当着众多家长的面，让老师们很难堪。班主任小李老师当时强迫自己别激动，尽量耐下心来，避免和外婆正面冲突。过后，小李老师就这件事反省了小小班的一些具体工作，确实发现了许多问题，并及时做了改进，最终以妥善的方式化解了晶晶家长的抱怨，老师还是一如既往地喜欢晶晶，平时和晶晶的外婆多交流、多探讨，使晶晶的家长，特别是外婆非常感动，恢复了对老师、对幼儿园的信任。

**分析**

家长把孩子送到幼儿园后，由于对幼儿园抱有很高的期望，因此，一旦幼儿园的运作结果和家长对幼儿园的高期望值相背离时，家长就会产生强烈的不满。比如，家长带孩子在草坪上玩时，孩子摔了一跤，出现轻伤，家长会安慰孩子："不要紧，下次小心。"而如果孩子是在幼儿园摔的，家长就有可能产生诸如对幼儿园的设施和教师的抱怨。受到抱怨当然不是一件愉快的事，特别是家长的情绪较为激烈时。但是如果老师把家长的抱怨看作一贴苦口良药，多找找自身的不足，以更宽广的胸怀、更可亲的态度去对待家长、孩子，班级管理的质量就可以达到一个更高的境界。

现在的家长教育孩子的理论甚至比老师更胜一筹，可一到具体的人和事就束手无策了。这时只要老师耐下心来，主动与家长沟通，想办法帮家长解决问题，给他们以积极的教育支持，就会使家长们在不知不觉中对老师产生信任。真正实现家园平等合作，关键是要通过老师与家长真诚的沟通和交流，通过家园共育，使幼儿、家长和老师共同得到提高，家园共育才会与时俱进，才能真正促进幼儿健康活泼地成长，家园共育才会更有效率、更有价值、更有生机。

**策略**

1. 平等合作，信任家长

每个家长都希望自己的子女健康成长，只是有些家长缺乏教育知识，因而在教育中出现目标不清、方法不当的情况，教师应诚恳地予以指导，不能埋怨责怪，更不能认为孩子的成长都是幼儿园的功劳，孩子的缺点都是家长教育不当所致。幼儿园与家长的配合是双向的活动，教师与家长是平等合作的伙伴关系。教师对家长必须真诚相待，了解家长的教育经验，共同研究教育方案，互相学习。

2. 转换角度，理解家长

幼儿园与家庭是两个背景极不相同的群体。家长由于面对着的仅仅是自己的一个孩子，往往容易只看到自己孩子的长处，有的甚至把自己的孩子看成"神童"。而幼儿教师面对一群孩子，能够客观地看待每个孩子的长处和短处。当教师向家长反映孩子的短处时，家长往往在感情上一下子难以接受，这是很自然的。我们不能责怪家长包庇自己孩子，而应该理解家长的这种心态，耐心、具体地帮助家长分析。对孩子的分析要一分为二，用发展的观点，注重原有基础，充分肯定每个孩子的优点，讲缺点时注意分寸。只有对家长有充分的理解才能换来家长对幼儿教师的理解，使家园同步教育得以实现。

3. 充满爱心，服务家长

在做家长工作时，要有"服务观念"，要诚恳地听取家长的意见，把工作做得使家长安心、放心、开心，使家长与幼儿园形成良好、和谐的亲密关系。

4. 开展亲子活动

亲子活动是家长与幼儿在幼儿园里共同参与的互动式的活动。它以幼儿教师指导、家长与幼儿共同游戏为主要活动形式，强调家长与幼儿的共同参与，强调教师、家长与幼儿的互动，通过亲子间的互动游戏，让幼儿充分活动起来，得到科学的指导，并且帮助家长建立良好的亲子关系，树立新的教育观念及态度，实现幼儿学习、家长培训的全过程，以提高家长科学育儿的水平，成为合格的教育者。幼儿园的亲子活动不仅是创造幼儿、家长、教师一起活动的空间，更是三者情感交流的主要形式。举办亲子活动，友好的态度很重要，可以感染家长和孩子，使他们感到温暖、亲切。面对教师真诚的微笑、热情的接待，无论多么僵冷的气氛都会被融化。教师要换位体验，揣摩家长的心理。在与家长沟通前，最好先想一想家长可能会有怎样的反应，会问哪些问题，会持怎样的态度，并思考合适的应对策略。

总之，做好家长工作，教师要主动、热情、将心比心，与家长保持良好的沟通，赢得家长的信任与支持；教师要有责任心、耐心和细心，做好宣传工作，充分发挥家长的主观能动性，实现家园共育。

5. 开辟家园合作新思路

(1)在体验中感知。在教师创设的情境中，让家长通过感知、迁移、领悟来理解正确的教育观、儿童观。

(2)有效利用家长的资源优势。教师可以充分利用家长委员会资源，让家长们参与幼儿园课程。在发挥家长特长的同时满足家长亲近幼儿园、亲近老师的需求，也有助于家长更加理解幼儿园的教育理念，了解幼儿教育的方法和内容，知道教师工作的艰辛，对幼儿园工作更加支持。

(3)做好体现个性化服务的家长工作。家长工作要体现"五好"：组织好每一次家长会，家长会形式多样；搞好每一次亲子活动，丰富多彩的亲子运动会体现了团结奋进的班集体活力；做好家长关注的每一件事；珍惜好家长的每一次支持，如亲子游园会、家长送来的一盆花、一本图书的制作等；家长工作四个及时，包括短信及时发、邮件及时传、内容及时报、情况及时说，提高家长工作的满意率。

(4)创设主题性的家长园地，体现实效性、主题性、互动性、参与性、创新

性。具体有以下几种做法：①选择文章要符合本班幼儿的年龄特点，符合班级幼儿发展需要，符合家长需要。同时，请家长读后写出感想，突出家长园地的互动性及教育性。②把幼儿发展目标及班级活动主题内容公布给家长，每周教师有目的、有重点地对每一部分幼儿情况进行沟通。③针对班中幼儿存在的问题开设与家长交流的平台，如"家中有宝""教师问答"等。④利用家长园地介绍自己班级的优质服务措施，建立教育共同体。通过家长园地使家长掌握科学育儿的方法，懂得站在教育者的角度认识孩子的发展特点，从而提高家长的教育能力。

## 问题三　幼儿入学、升班阶段，如何做家长工作？
### ——帮助家长转变教育观念

　　孩子到了两三岁，家长们总要面临一个问题——孩子要从爸爸妈妈的怀抱进入幼儿园这个小集体。对于从未离开过家的孩子来说，到一个陌生的环境和人群中，肯定会有不安全感和焦虑感，家长们也会因此忐忑不安。为了使宝宝尽快适应幼儿园生活，需要做好哪些工作呢？

　　入学、升班是孩子一生中很有意义的事情。对于孩子来说虽然幼儿园是以游戏为主要活动，但因为升班导致的环境、生活、老师和伙伴等的变化都需要幼儿去熟悉、适应，所以能否顺利地度过升班这个转折期，对幼儿来说是一次严峻的考验。升班不但要使孩子幼儿做好准备，家长也要做好思想上的转换。对于孩子升班，家长首先要意识到孩子已经升班了，孩子对自己的要求应更高，对小一点的小朋友要多一些宽容和忍让。教师在日常玩游戏、做事情时也要自觉地引导孩子提高标准和要求，做到益智、益趣兼备，既让孩子体会到升班的荣誉感，也使孩子产生对新知识的渴求，促使孩子不断取得进步和提高。

## ★案例★

　　贝贝刚上幼儿园，妈妈每天早上送贝贝来幼儿园时都要反复叮嘱老师看好自己的孩子，该给贝贝吃什么、什么时候喝水、户外活动时应该注意什么等。面对贝贝的哭闹，她还一再向孩子保证，会很早来接贝贝回家，而且还会带礼物来。

入园一段时间以后，贝贝仍然不愿意上幼儿园，每次妈妈送她到教室门口，她都紧紧拉着妈妈的衣角，不愿意松开。每天下午妈妈来接她时，贝贝都表现得非常高兴，不和老师说再见就迫不及待地走了。

多多每天早上跟着妈妈来到教室门口，都会拉着妈妈的手不放，还一遍遍地问："妈妈一会儿就会来接我吗？"妈妈说："是的，等你放学时妈妈会第一个来接你。"但是，当妈妈准备走时，她便紧紧地抓着妈妈的衣角，哭着问："妈妈你一会儿就来吗？"妈妈也重复着说："会的会的，妈妈第一个来接你。"这样一直重复着，最后还是在老师硬性分开下，她才依依不舍地让妈妈离开。妈妈走后多多还是站在门口不肯进教室，一边哭一边重复问老师妈妈什么时候回来。

### 分析

案例中的贝贝妈妈对老师不放心，所以才会千叮咛万嘱咐，贝贝在旁边的感觉是妈妈迫不得已才把自己送到幼儿园，幼儿园老师肯定不如妈妈好，所以，贝贝也对老师产生了不信任的情绪，不愿意在幼儿园多待。贝贝妈妈应该转变自己的教育观念，表现出对幼儿园的热爱和信任，多和孩子讨论幼儿园中有趣的事情。案例中多多的表现是典型的入园焦虑。对于孩子来说，从自由宽松的家庭环境进入处处讲规则的集体中来，很容易产生不安全感和不确定感，所以他们在入园时便会表现出焦虑、哭闹、发脾气，甚至会影响到身体状态，如睡眠紊乱、食欲不振等。幼儿教师要有耐心和爱心，对幼儿的问题要给予肯定的回答，消除孩子对新环境的恐惧，耐心地引导和安慰，让幼儿感到安全和快乐。

### 策略

1. 开展家庭教育课，帮助家长树立正确的教育观念

教师可充分利用家长资源，邀请正在教一年级的教师家长来讲解幼儿园与小学的区别，列举种种幼儿不适应小学生活的情况，使家长认识到幼小衔接不仅仅是知识上的衔接，还包括学习习惯、生活习惯、社会交往、任务意识、自我服务等种种能力的衔接。

2. 有效沟通，取得家长的信任，使科学正确的教育能够在家庭中得以延续

(1)培养幼儿良好的作息习惯。要求幼儿按时睡觉，按时起床，保证充足的睡眠，早上准时入园，不迟到。

(2)培养幼儿良好的进餐习惯。做到不挑食、不偏食、不磨蹭(因上学后，时

间比较紧，尤其是午休，仅一个小时左右，所以好的进餐习惯是前提和保障）。

（3）培养幼儿良好的阅读习惯。使家长认识到阅读的重要性，帮助幼儿培养阅读的兴趣，每天进行亲子阅读。

（4）培养幼儿的任务意识。教师可适当布置一些小作业，如完成一幅树叶贴画，第二天上交；准备一个故事，第二天表演等。

（5）培养幼儿良好的社会适应能力。使家长认识到幼儿的社会性是在日常生活中通过模仿习得的，注重发挥榜样的作用。教给幼儿交往的技能技巧，鼓励幼儿积极与同伴交往。

（6）培养幼儿的自我管理能力。家长应充分放手，鼓励幼儿自己的事情自己做，如叠被子、洗袜子、整理自己的房间，根据天气的冷热穿脱衣服等。

3. 关注幼儿的点滴进步，及时鼓励，促进幼儿可持续发展。

家长放心，孩子才能安心。其实升班、换老师是很正常的事情，即使孩子出现不适应或是哭闹都是正常的，不必过于担心，家长在孩子升班前后要多说一些鼓励的话，多跟孩子沟通，为他们长大了、升班了感到高兴。幼儿的升班适应性问题主要为：对环境的变化、生活习惯和行为规则的变化、人际交往、情感暂时性缺失等不适应。

对于从托班升入小班的孩子，我们提出以下应对策略。

第一，孩子是天真无邪的，他们的心理活动往往都会反映在脸上，父母最了解自己的孩子，对孩子的情绪多仔细观察，了解孩子的心理变化，并及时和老师沟通，取得家园共育的一致性。

第二，为孩子提供爱心和支持。当孩子哭时，给以安慰，当他害怕时，消除其疑虑，设法减轻孩子的恐惧。对环境的变化、生活习惯和行为规则的变化、人际交往、情感暂时性缺失等不适应给予温情提示。

第三，做好思想准备工作。告诉孩子长大了，要上升班了，在新的班集体里，熟悉的小朋友们仍然会在一起，像在原来班里时一样快乐。陪同孩子认识新班、新同学、新老师，教师就家长亲切地交谈，让幼儿感到父母与教师很熟悉，以促使幼儿放心地与教师交往。

# 问题四 怎样组织家长会和家长公开日活动？
## ——家长会及公开日活动策划

家长开放日和家长会是家园沟通的重要形式，也是家园共育的有效载体。共同的爱使家长和教师的距离拉得更近，使家园的交流更加自然、融洽。教师加深对幼儿的热爱和关怀，是教育好幼儿的根本，也是与家长有效沟通的根本。教师与家长沟通的艺术，关键在于教师与家长间相互信任、相互尊重、相互支持。家长感受到教师工作尽心尽责时，自然会产生信任感，并由衷地尊重教师，乐于与教师拉近心理距离。教师应在家长开放日或者家长会中，让家长了解教师的教育思想、育儿之方、知识技能等方面的工作。

## 一、 别开生面的家长会

开学第一次的家长会很关键，教师应该在第一次家长会上将本班老师的教育理念、教育方向、教育策略以及在今后工作中家长应配合的方面等阐述清楚。

学期末的家长会中要做到：让家长有的看，如幼儿的作品、教师对幼儿的个案分析、班级的主题活动方案与过程性资料、幼儿成长档案；让家长有的听，如对幼儿作品的分析、对班级学期工作的分析、对班级幼儿整体情况的分析；让家长有的说，如家长讲出自己在教育中遇到的问题、教育孩子中遇到的困惑、教子小经验等；让家长有的想，如通过家园的共同努力，家长领悟到了什么、收获了什么、班级的哪个活动或是什么教育方法与举措给了家长启迪，等等。

幼儿教师组织召开家长会的方法要灵活，建立好有效的沟通形式，如开现场会、家长讲座、发短信、网上交流、建立班级博客，建立幼儿联系卡等。在家长会上，教师在聆听家长谈话的同时，还要有策略地向家长描述幼儿的行为，要充分肯定幼儿身上的闪光点，使家长感到教师对孩子充满信心和关爱的，从而愿意接受教师提出的意见或建议。

## 二、 家长会及公开日活动组织策略

### (一)准备工作

1. 时间的选择

为了不影响家长的工作率，教师要选择恰当的时间来举行家长会或者家长开放日、亲子活动等。一般来说，每学期的开学初和放假前，家长对孩子在园情况的关注度最高，这个时间家长的出勤率往往也最高。时间确定后，教师应以恳切的言辞，通过电话或邀请函的方式告知家长。

2. 场所的准备

教师应提前布置好召集场所，营造出温馨、舒适的环境。可以适当准备些茶水，做好接待工作。

3. 资料的准备

家长会或者家长开放日之前，教师可适当做些调查，了解家长关心的育儿话题，从而有针对性地收集相关资料。教师可将家长会的内容通过制作成 PPT、视频等，在会上播放，从而提高活动效果。

4. 情绪的调整

教师的情绪对家长会或家长开放日的影响很大，教师应以平和、轻松、愉悦的态度来面对各位家长，让活动在一种轻松、愉快的气氛中进行。

### (二)活动的实施

1. 恰当的开场白

所谓万事开头难，成功的家长会或家长开放日需要教师发好这"第一声"，营造一种轻松、和谐的氛围。教师可以向家长们致欢迎词，也可适当介绍本班近期工作、幼儿总体表现及家长需配合完成的工作。导入方式多种多样，可以展示儿童作品，向家长提出疑问等。

2. 教师的态度和言语

教师应抱着真诚、开放、谦虚的态度和家长沟通，与家长交流时避免以自己为中心，给人压迫感。当家长询问孩子的教育问题时，尽可能采取商量的口吻，理性地表达自己的想法，给家长提供可行的问题处理方法。尤其注意的是，不要公开批评某一位家长或幼儿。

3. 合理控制好时间

教师在整个活动期间，都要注意时间的把握。活动从开始到结束，将大约持续多久，要在开始时告知各位家长，活动要结束时，教师可以用语言或行动暗示家长结束的时间快到了。

4. 做好会后反思

家长会或家长开放日后教师应将家长的发言、反馈等资料进行整理，建档保存，并对本次家长会或家长开放日存在的问题进行反思，为以后更好地组织家长会或家长开放日积累经验。

★案例★

某园举行的家长开放日活动中，彬彬的爸爸从进班级签到以后就一直在摆弄自己的手机，好像是在玩游戏或发短信息，中途出去接了三四个电话，彬彬则眼巴巴地等着爸爸回来陪自己参加活动。琳琳的妈妈和晨晨的妈妈不停地小声聊天，当孩子向自己的妈妈寻求帮助时，两人的妈妈则说："乖，自己弄，去找别的小朋友玩。"小虎的爷爷签完名字转身就走了……事后老师问及原因，家长们都表示来参加活动是逼不得已，幼儿园要求不得不参加，而且也为了应付自己的孩子。

**分析**

案例中的情况在我们身边时常发生，部分家长对幼儿园的开放日活动完全抱着应付的态度，缺乏参与的积极性和主人翁意识。原因在于一直以来我们的家长开放日活动主要是以教师为主，家长为辅，教师讲，家长听，教师在前边做，家长在下面看，家长一直处于被动、从属的地位。因此，家长参与活动的积极性不高，甚至应付了事。可见，幼儿教师要组织设计家长参与丰富多彩的亲子活动，让家长直接感知幼儿园教育的途径和方法，让教师与家长借此机会相互交流、自发研讨教育方法和经验。

**策略**

1. 适当增加活动次数

现在幼儿园的家长开放日活动大都是一学期举办一次，再加上如今的幼儿家长大多是双职工，时间安排有限。在安排家长开放日活动时，我们可以适当增加活动举办的次数，由一学期1次发展到2～3次或更多，这样就可以使家长根据自己的时间来参加活动了。

2. 加强家长的活动指导

在开放日活动举办前，幼儿园可以通过多种形式（如电子邮件、手机短信、家长园地、接送交流等）给予家长具体的指导，使家长知道来园主要是观看孩子的活动，了解孩子的特点和进步，给孩子适当的帮助和指导，最后和孩子一起分享成功的喜悦和快乐。

3. 及时对活动情况做出评价

开放日活动结束之时，教师可以给家长召开一个简短的家长会，对活动中存在的各种问题进行评价，指出活动中家长的不足以及今后改进的意见；也可组织一个小型家长讨论会，互相交流心得经验，发表自己的看法，共同研讨解决问题的对策；教师也要对表现突出的孩子和家长进行表扬和鼓励，提高家长参与的积极性。

# 第四部分
# 幼儿园人际沟通

　　心理学大辞典将人际沟通界定为个体在共同活动中交流思想、感情、知识等信息的过程，主要通过言语、表情、副语言（音量、节奏等辅助言语和叹息，笑等类语言）、手势、体态、社会距离等实现。人际沟通是社会个体生存和发展的必要条件，可以帮助人们满足不同层次和类型的需要，如认识自我、表达自我、决策和控制等。教师这一职业群体，由于其生活和工作环境的特殊性，决定了教师的日常沟通对象主要是学生、同事及家长。因此，教师的人际沟通能力可以定义为：教师在人际沟通中，根据沟通情境和对象特点而调整认知和技能，运用适当而有效的沟通行为传递知识、技能和情感等信息，满足沟通双方和情境需要的人格特征。幼儿教师作为教师群体中的一个重要组成部分，其人际沟通也包括与幼儿、同事及家长进行沟通这三部分。幼儿教师的职业用语，作为教书育人的主要工具，是沟通教师与幼儿的重要桥梁，是展示幼儿教师言语行为规范、实现教育教学目标的有效手段。优秀的口语表达是幼儿教师教育教学各个环节的必备条件，教师与幼儿的相识、沟通、评价等都需要规范的口语，它蕴含着丰富的文化底蕴和感人的艺术魅力。

# 问题一　当新教师遇上新入园的孩子，怎么办？
## ——妥善应对孩子的入园焦虑

每年开学，都有很多幼儿由家庭走向社会，幼儿从这一刻起，就迈出了家庭的狭小天地，真正走进了充实灿烂的集体生活。然而，幼儿初次离开亲人，来到陌生的幼儿园，将面临许多不适应：没有亲人，只有陌生的老师和同龄的小朋友；没有人整天围着自己转；吃点心、玩玩具不能随心所欲。面临陌生环境对自己的挑战和冲击，幼儿通常的反应是哭闹，拼命地哭喊、尖叫，不让父母离开，无视老师的安慰，拒绝和其他小朋友一起做游戏；或者会静静地坐在活动室的一角，默默地伤心流泪，不理睬其他小朋友，有的甚至会拒绝进食。这种现象我们称之为幼儿分离焦虑。

分离焦虑是指幼儿与亲人分离时所表现出来的一种不安情绪和行为，是幼儿对陌生环境和陌生人产生不安全感和害怕感的反应。幼儿刚入园时出现分离焦虑是正常的心理现象。一般说来，孩子眷恋父母，是人之常情，也是人的天性或本能。依恋是人与生俱来的一种情感表现。一定的依恋对孩子的心理健康及日后建立良好的人际关系有着积极的促进作用。但是如果由于过分依恋而产生的分离焦虑，则需要较长时间的适应期才能改善。长时间处于焦虑状态，会严重影响幼儿身心发展。

入园焦虑的干预措施有很多，所有措施都应该有针对性地解决三个问题：不安全的认知、负性情绪和逃避行为且这些措施都需要家园双方的密切合作。下面就针对新生入园焦虑的各种现象进行逐一分析。

## ★案例一：选择性缄默★

QQ 小朋友在刚进幼儿园的一段时间几乎不说话，虽然她在家里话很多。一整天，她只是在向老师提要求时才说最简单的话，如"我想尿尿"。但她似乎非常注意观察老师和别的小朋友，她看人的眼神非常专注，几乎是紧盯着对方，尤其注意观察老师的言行。她会记住幼儿园一日活动的许多细节，回家后详细地复述给父母听。她告诉妈妈她害怕幼儿园，不想上幼儿园，她说自己不知道为什么不想说话。

## 分析

个体原因：这是一个因为入园焦虑而产生"选择性缄默"的孩子。她的语言能力发展很好，但是她担心交流会给自己带来意外的麻烦。她默默地观察周围，揣摩老师的要求，行动小心谨慎，循规蹈矩。这种对新环境的不良适应如果没有得到矫正，将会发展成为"社交恐惧症"。

孩子对新鲜刺激的反应速度与程度是不同的。有一些孩子天生容易过度兴奋或者退缩，对新环境的刺激反应过分敏感，这种稳定的特质是引发入园焦虑的危险因素。QQ 就是这样一个敏感的孩子。她不习惯幼儿园里的集体活动规则，害怕因为做错事情而被老师批评，对集体生活中处处存在的约束感到很不适应。这可以从她回家对父母口述的幼儿园生活看出来——她把同班孩子受到批评的次数和原因一字不漏地记在心里。由于害怕批评，她开始拒绝上幼儿园，在长达半年的时间里几乎每天早上入园前都表现出痛苦的样子。

家庭影响：通过观察老师发现，QQ 的父母对孩子的情感过分关注，行动上过度保护。孩子对父母具有较强的依赖性，在家里几乎寸步不离地跟着母亲，晚上要求与父母同睡，平时缺少独自面对外界环境的机会，缺乏应付外界环境变化的心理承受力，所以孩子在离开父母时非常痛苦。为了保护自己，孩子在面对新环境的时候小心谨慎，沉默寡言，唯恐做错事情。

## 策略

1. 安全认知

教师应大力鼓励孩子，抓住时机表扬孩子，树立他们的自信心，使孩子知道老师喜欢自己。

2. 行为强化

为了强化孩子的正向行为，老师应经常找机会与孩子谈天交流。当孩子说话时，老师可及时告诉她"你的声音很好听"，鼓励孩子多发言，和孩子聊天。

迎送是幼儿教师主要的工作内容之一，"迎"是幼儿在幼儿园生活的开始，"送"是幼儿在幼儿园生活的结束。教师迎送时的语言是教师与幼儿重要的信息沟通桥梁和思想感情交流渠道。幼儿不懂文字，说话是他们生活、学习中最基本、最重要的与人沟通的途径。教师迎送的语言也能在潜移默化中对幼儿的社会交往

及思维发展带来很大的影响。幼儿对离开父母身边、接触不同的人和事物都会有一些担心和恐慌，部分幼儿还会哭闹，有一段不适应期，教师每天的迎送语言能更好地让幼儿适应幼儿园的集体生活，开开心心地来幼儿园，高高兴兴地回家。

## ★案例二：爱哭闹★

"我要妈妈！我要回家，妈妈不要我了。"这是 AA 在幼儿园说得最多的话。刚来幼儿园 AA 就比别的小朋友爱哭，别的小朋友来幼儿园的第三天就能在大人离开一会儿后停止哭闹，自己玩玩具了，还能和老师一起做游戏。可 AA 在早晨来园时不停地哭闹，他像膏药一样粘着妈妈，不让妈妈离开，离开妈妈后就要阿姨抱或者一直站在那里左右摇晃身体，时不时地前后摆动小手。

上课的时候，他吵着要老师打电话："老师，给我妈妈打电话好不好？老师，打电话。"他这样反反复复地强调着。

吃中午饭的时间，AA 又开始哭闹，不肯吃饭，不停地走来走去，不停地前后摆动着自己的小手，嘴里反反复复地说："我要妈妈，妈妈来接，妈妈不要宝宝了。"

午睡时，AA 不愿意入睡，说妈妈要来接，他要在窗口看着，而且如果老师把午睡室的窗帘放下的话，他会马上扑过来大叫："不要关牢，拉起来！"（因为 AA 很多次看到妈妈在窗口看着他）我尝试着去抱抱他，和他说说话，玩一会儿玩具，转移他离开妈妈的那种焦虑情绪，也试图和他讲道理，但是效果都不好。

**分析**

AA 的行为是典型的依恋行为。心理学研究表明：依恋是婴儿寻求在躯体上和心理上与抚养人保持亲密联系的一种倾向，常表现为微笑、依偎、追随等。2～3 岁是孩子依恋感最强的时期，也是依恋关系的明确期。在此阶段，孩子对特殊人的偏爱变得更强烈。AA 的爸爸在杭州工作，AA 主要是和妈妈生活在一起，妈妈走到哪，他就跟到哪，一步都没有离开过妈妈，也很少和别的伙伴在外面玩耍，甚至睡觉的时候还要妈妈抱着睡。他进了幼儿园，离开了熟悉的家人后，并没有转移依恋的目标。经过分析，我和配班老师认为：在 AA 的焦虑中，妈妈的态度是关键。

**策略**

1. 做妈妈的工作

请 AA 的妈妈用积极的情绪去感染 AA。妈妈可以尝试以下做法。

(1)AA 的妈妈在送完孩子后因为舍不得 AA 哭，经常向 AA 妥协让步。这会使 AA 形成习惯，久而久之，哭就成了要挟妈妈的手段，孩子的分离焦虑不但不能很好地解决，反而有可能加重。所以，孩子入园后，老师马上要求 AA 妈妈离开，而且不要在窗户外面偷看。

(2)妈妈要注意多问一些正面的话题，如在幼儿园里有什么高兴的事、和小朋友们玩过哪些好玩的游戏、讲一讲班里有意思的故事等，而不要问孩子是不是受委屈了、是不是想妈妈了。家长应结合幼儿的兴趣和幼儿园的有趣之处与孩子交流，带孩子一起参观幼儿园，看看幼儿园里漂亮好玩的玩具，有空就来玩一会儿玩具，多多熟悉环境和教师，使幼儿园对孩子来说不再是一个完全陌生的环境。

2. 幼儿园教师的工作

从每天将孩子抱在手里过渡到每天只在来园和离园时抱一抱，在一日活动中允许孩子牵着老师的衣角跟着老师。在游戏活动中，从老师陪在身边玩过渡到老师在他视线范围之内，他能与同伴一起玩。

**案例效果**

经过一段时间的努力后，AA 从不愿意来园到能离开妈妈的怀抱，让妈妈早点来接；从一整天跟着老师左右摆动身体要老师打电话到现在可以在老师的视线里活动；从不愿入睡到现在能自己去睡觉；从不吃饭到愿意让老师喂饭，再到愿意自己动手吃饭。在 AA 妈妈的配合下，我们看到了 AA 的进步。

**反思**

安全的依恋，帮助孩子在活动中逐渐建立安全感，使他能在不同的环境中探索、学习，可以更好地促进孩子的心理、智力发育。老师和家乡要互相配合，帮助孩子建立起安全感。

## ★案例三：孤单★

FF 到幼儿园来的第一天，总是静静地坐在自己的座位上，眼泪时不时地要往下掉，显得很孤单。第二天她哭得没有那么厉害了，但还是独自一个人静静地坐，不与别的小朋友玩。如果发现有人在看着她，她会移开目光或低下头。

**分析**

FF 是个较为内向的孩子，离开了自己熟悉的环境，一时会感到不适应，感到害怕，不敢主动去接触周边环境。

**策略**

1. 和蔼的态度，宽松的环境

FF 是个较为内向腼腆的幼儿，我们应注意创设宽松、和谐的心理环境，让她产生安全感、信任感。每天来园后教师都对她笑一笑，拉一拉她的手，摸摸她的头；每天主动找她聊聊天，说一些轻松的话题，让她感受到老师在关注她，老师喜欢她。后来，FF 看到我在注视她时，也能对着我露出腼腆的笑容，偶尔也能对我说上几句话了。

2. 注重同伴的快乐感染力

我特意在 FF 的座位旁安排几个性格开朗的小朋友。有时他们开玩笑时，FF 在一旁也会看着他们静静地笑，甚至会插上简短的几句话。让别的小朋友去感染她，使她开心，让她在同龄人中找到归属感和安全感，也是一个不错的方法。

3. 发现闪光点，进行表扬鼓励

在操作活动时，我发现 FF 能用雪花片拼出好看的花朵，立刻在所有小朋友面前表扬了她。在洗手过程中，我发现 FF 能自己把袖子推上去，而其他小朋友还需要老师的帮助，我立刻在大家面前表扬、鼓励她，我们可以感觉到她的情绪因此而变得愉快，也不怕与别人的目光交流了，有时会对我微笑，有时还会静静地依偎在我身边。

# ★案例四：不懂分享★

新生入园的第一天，教室里到处都是哭声，VV在妈妈的陪同下来了，他似乎充耳不闻其他幼儿的哭声，很快把班上的玩具汽车都找了出来，不一会儿，二三十辆汽车整整齐齐地摆成了一条龙。这时，仕贤走过去拿了一辆汽车（显然他也想玩汽车），没料到VV拿起另外一辆汽车就往他身上打。老师加以制止，VV不再打了，但也不理睬其他人，继续玩他的汽车。子弦自己从玩具筐里拿了一辆汽车，没想到VV看到了，就跑过来要抢，嘴里还嘟囔着说："汽车，我的。"子弦不给，他就抢，两个人就在活动室里打了起来。吃饭前，大伙收玩具了，VV拿着玩具不肯收，满脸的不高兴。下午的自由活动时间，VV喊着"110车，110车"跑过来，原来，RR正拿着一辆警车在玩，VV正准备抢，老师制止他，拿了另一辆车给他玩，他却不要，把老师推开了，老师批评了他。过了一会儿，YY拿了一辆公共汽车，VV又要有所行动了。老师用眼睛盯着他说不行，并告诉他可以去跟YY商量交换，可以去拿其他没人玩的玩具，但不能抢，VV扭过身子不理老师。第三天，VV来园时哭了，不让妈妈走，说幼儿园不好玩。

**分析**

经过与家长的沟通，我们了解到：VV的爸爸是个独子，四十多岁时才有了这个儿子。家里人都很宠爱他，这孩子从小就爱玩汽车，家里每一次买玩具都是汽车，汽车就是他的宝贝，有时他晚上睡觉还要抱着汽车。家里就他一个小孩，在家都是他说了算。VV平时就和妈妈待在一起，爸爸上班较忙，没空管他，妈妈做事时，他就自己玩汽车，常是待在自己家，较少与邻居孩子一起玩。

幼儿在家犹如一只自由翱翔的小鸟，生活得比较自由、随性，从一个相对自由、宽松的家庭环境中一下子过渡到有一定的规则的集体环境中，自然会加深他们入园的不适与焦虑。而在幼儿园，孩子们要过集体生活，集体生活客观上要求大家具有一定的规则意识，这对于他们来说又是一个挑战。VV自我中心意识强烈、霸占玩具的欲望较强，刚来幼儿园的好奇和新鲜感一过，他感到来幼儿园得受约束，很难受，所以才会在第三天说不喜欢上幼儿园。

**策略**

1. 强调规则，小步递进

我通过语言、眼神、肢体语言等各种方式，不厌其烦地一遍遍告诉 VV 什么能做，什么不能做，使 VV 逐渐明白了上幼儿园要遵守一些规则。

2. 利用讲故事、榜样示范法，教给 VV 与人交往的方法

我知道 VV 想要玩某个玩具时，不会与人商量、沟通，直接就抢。因此，我就用讲故事的方法，与班上幼儿讨论怎样较好地与人交往。我们也让幼儿学习典型的身边事例。VV 对待自己想要的玩具经过了直接抢到向同伴说"给我玩一下好吗"，但问完后不管人家答应不答应就要拿走再到向同伴说"给我玩一下好吗"，问完后得到同伴的答应才拿。有时，同伴不同意，他会跑来跟我说："他不给我。"这时，我们会引导他去玩别的玩具。

3. 做好家园互动，加深与家长的沟通

我们主动与家长进行沟通，向家长分析 VV 刚开始喜欢上幼儿园，过了几天才哭着不来的原因，家长听后觉得很有道理，坚持继续送他上幼儿园，鼓励 VV 遵守规则，适应集体生活，我还建议家长给 VV 增加玩具的种类，不要只是局限于买汽车玩具给 VV。同时，提醒家长要注意教给 VV 一些与人交往的方式，在双休日要抽空带 VV 与同龄人一起玩，学会和其他小朋友共享玩具，感受和其他小朋友一起玩的乐趣。过了一段时间，VV 抢玩具的现象明显减少了。VV 也不说"我不上幼儿园"了，而是说："我喜欢上幼儿园"。

因此，教师对于不同的幼儿所表现的分离焦虑，要采取不同的应对措施。要分析幼儿焦虑的原因，是生活自理困难、身体不适、交往方面的疑虑，还是其他方面的因素，要进行有针对性的强化教育。同时做好家园工作，只要家庭和幼儿园保持一致教育和良好合作，孩子就会尽快适应幼儿园生活，较快地度过入园焦虑期。

## ★案例五：过度依恋★

YY 刚入园，她一进教室就哭着说："我想妈妈。"妈妈一走，她就会找一个老师，抱住老师的大腿说："抱抱，抱抱。"老师不可能总抱她，但她总是跟着老师，拉着老师的手，她喜欢单独跟着一个老师或阿姨。老师要是抱抱她，她就不

哭了，或者哭声小了，老师要是抱别的小朋友，她又会使劲地哭。她的书包像是她的宝贝，整天背着都不嫌累，一说要拿走书包她就哭。

**分析**

YY 的父亲是个地质勘测队员，经常较长时间在外工作，双方的老人又没法帮助带 YY，YY 从出生开始就一直由妈妈自己带，YY 从未离开过妈妈，对妈妈的依恋较为强烈。

**策略**

1. 肢体接触，安定情绪

YY 进入幼儿园这个陌生的环境，离开了母亲，恐惧、忧虑等情绪油然而生，情感上如断乳期一般无法适应。我能理解 YY 主动要求老师抱抱的想法，只是寻求保护的表现。于是我尽量满足 YY 的要求：抱抱她，使她感受到类似母亲般的爱抚，感到安全。满足 YY 的情感需要，让 YY 对我产生亲切感和依恋感，从而缓解她的入园焦虑，让她逐渐适应幼儿园生活。

2. 利用玩具与游戏，转移注意力

由于 YY 的自我中心意识较强，认为老师是她一个人的，霸占着老师，不让老师抱别人。我假装手酸，用夸张的口气说："老师的手酸死了，你下来自己坐会儿。"然后用好玩的玩具吸引她的注意力，使其暂时忘却不愉快的情绪。也可以用游戏帮助 YY 尽快与同伴熟悉起来，如开火车游戏，让她接在老师身后的第一个位置，YY 也能愉快地进行游戏。渐渐地，她也能接纳同伴了，找到了安全感、归属感。

3. 转移依恋的对象

离开了父母，YY 把情感的表达对象转向了自己的书包，爱背书包是她的恋物表现。我并不急于拿走她的书包，过一段时间后再与她商量：背着书包太重了，拿下来才好休息。或让书包去开火车（小朋友的书包排队开火车），或让书包去上"书包幼儿园"，放学时再去接它。这时的她对我有了亲近感和信任感，也能愉快地接受我的建议。

# ★案例六：懒惰★

KK是班里年龄最小的小朋友，刚开学时，她很爱哭，老师特别照顾她，连脱裤、穿裤都是在老师的帮助下完成。一连过了两个月，我们认为孩子们有能力自己穿裤脱裤了，KK还是习惯性地对我们说："老师，我要小便。"我常说："好的，你自己脱裤子吧，KK现在长大了，可以自己脱裤子了，对吗？"可是她把我们的话当作耳边风，还是一直站在那里等着，希望老师能帮她脱裤子。她站着不动，老师最终无可奈何地帮她脱了。就这样几次以后，她用同样的方式得到了我们的帮助，这样下去一定会形成孩子极大的依赖性，这不是为她好，而是害了她。因此，我们两位老师商量了一下，决定干脆狠下心来，谁都不帮她。虽然有几次她无可奈何地自己脱裤子、穿裤子，但是后来发生了一件让我们都意想不到的事情：她干脆不告诉老师要尿尿了，直接尿在裤子上。从那以后，她也经常被奶奶批评，她奶奶也经常跟我们说："老师，请你们帮她脱裤子吧，她穿得多，脱不掉的。"当时我真的觉得无可奈何。

我想，要想改变这个孩子，一步登天是不可能的，还是要慢慢来，让她逐步接受老师的要求。此后，我们既满足了她的要求，又对她提出新要求：我们帮她脱外面比较厚的裤子，她自己脱里面的裤子。同时在她成功后进行表扬。她在老师的表扬下逐渐开始自己穿脱裤子了，懂得了自己的事情自己做也是一件很快乐的事情。在KK有飞速进步时，我也找了她奶奶进行沟通，希望能进一步得到她的帮助，告诉她在家里也要给予KK锻炼的机会，并加以表扬，使她在家里跟幼儿园里都能感觉到自己很能干，体验到自理的乐趣。

## 分析

通过上述生活片断，我们可以看出，独生子女存在一个普遍现象——生活自理能力差。主要原因还是家长没有意识到培养孩子独立生活能力的重要性。父母繁忙，孩子暂由上辈抚养，而长辈过于溺爱孩子，给孩子带来了不利影响。爱孩子不仅是金钱的投入，更需要时间和感情的投入。父母要多花点时间陪伴孩子。孩子与父母的关系是谁也不能代替的，甚至连爷爷奶奶也如此。但KK就是因为父母忙于工作，而长年在外、没尽到做父母的责任，将孩子托付给了奶奶抚养，奶奶过分溺爱，又缺乏正确的教育方式，认为孩子不会就要包办代替的想法，一直制约着他们的行为。长辈们的疼惜，跟现实社会也息息相关，如今都是独生子女，不管是父母或是上辈，都希望下一代能比别人家的孩子更聪明，更有出息，更有前途。长辈难免会倍加疼爱自己的孩子，但过分的疼爱会给孩子带来很大的心理伤害，导致很严重的依赖心理。

**策略**

1. 家长应该关注孩子的成长过程

作为父母，应该关注孩子的成长过程，不要因为忙于工作，将孩子完全交给长辈们抚养。任何一个孩子，都是由于父母的教育和环境的影响，才形成了不同的人格品质和能力的。孩子最需要的还是父母的爱，即使再忙，每天也要抽出一定的时间来陪伴孩子，用正确的教育方式跟孩子沟通，才更有利于培养孩子的心理发展。

2. 家园配合，有效提高幼儿的独立性和自理能力

在现实生活中，一些家长怕累着孩子，怕孩子做不好，自己重新再做太麻烦，不让孩子做一些力所能及的事；还有一些家长认为，吃饭、穿脱衣服等生活技能是不用训练的，孩子长大了自然就会。这些观念都是不正确的。孩子上幼儿园后生活在家庭和幼儿园两个环境里，幼儿的独立能力并不是只在幼儿园中靠教师教育锻炼就可以，他们更多的时间是待在家里，如果KK的奶奶不重视这点，总是包办代替，那么KK的生活自理能力就得不到提高，这也给老师培养幼儿自理能力带来一定难度。社会学习是一个漫长的积累过程，需要幼儿园、家庭、社会密切合作、协调一致，共同促进幼儿良好社会性品质的形成。家园之间的配合，能更有效地提高幼儿的独立性和自理能力。儿童心理学研究表明：幼儿期个体心理活动的主动性明显增加，喜欢自己去尝试体验。家长可以因势利导，把握孩子这个时期的心理特点，在保证孩子安全的前提下，放手让孩子去做力所能及的事情。因此，教师要让家长了解培养孩子独立能力的重要性，争取家长们的理解和配合。家长更应有耐心，给孩子足够的练习时间，当孩子希望独立做某事时，尽量让孩子自己做。

3. 教师及时关心和帮助，培养孩子的独立能力

对于多数孩子来说，上幼儿园是他们第一次离开家人进入集体生活，许多孩子会因主要抚养者的离开而产生紧张不安的情绪，这是他们对新生活暂时不适应的表现。孩子刚入园，教师应尽可能减少甚至避免能力弱的孩子体验失败，产生消极的情绪，多发现、多肯定他们的优点，及时发现孩子的不良行为，尽早采取

措施加以纠正。KK就属于这种类型的孩子，由于她年龄最小，因此，在刚入园时，她得到了老师的百般疼爱和帮助，渐渐地，她不再害怕来幼儿园了，同时也跟老师产生了深厚的感情。在这基础上，我们采取动静结合的方式，让她初步学习自己脱裤子，在尝试成功后还获得了老师的大力表扬。最后KK终于改变了懒惰心理，生活自理能力明显提高。正如新《纲要》中指出的：为每个幼儿提供表现自己长处和获得成功的机会，增强其自尊心和自信心。那么再懒惰的孩子也会在我们给予的机会下获得成长。

孩子的懒惰心理不是天生的，而是后天形成的。教师、家长要引起重视，不要什么都依顺孩子，为了能让他们适应这个社会，应积极鼓励孩子的每一点进步，帮助他们树立自信，使他们具有较强的生活自理能力和独立意识，勇敢地面对问题、解决问题。

# 问题二　如何应对家长的不合理要求？
## ——与家长沟通的策略

沟通能力是幼儿教师的一项基本功，然而，我们通常重视教师与幼儿之间的沟通，却忽视了教师与幼儿家长之间的沟通。与家长沟通并不是简单地向家长汇报或者回答家长的问题。在沟通的过程中，个别家长会提出一些不合理的要求。对此，幼儿教师应如何对待？教师如何能婉言回拒，不给家长难堪，又能加强沟通，取得家长信任呢？

有时家长提出的要求完全是出于对孩子的娇惯。对此，幼儿教师要予以理解，并借助语言表达自己对学生真诚的爱，让家长打消顾虑。有些家长提出不合理要求，是因为他们对老师的真正想法不了解。对此，可弄清家长的真正目的，把握家长与教师目标的共同点，求得统一。一般而言，家长当着幼儿教师一人能够提出不合理要求，但在大庭广众之下则很可能难以启齿。因此，一旦家长提出不合理要求，可把他们引入相关情境，进行现场疏导，借助事实说服。极个别家长往往凭借自己的地位和权力向幼儿教师提出给孩子特别关照的要求。由于他们地位的特殊性，一旦他们提出要求，幼儿教师则会处于被动状态。这时，教师可以专心静听，细心揣摩，领会意图，把握时机，及时出手，拦住话题，防患于未然，从而争取主动。有时家长提出不合理的要求往往是一时冲动，要他们马上收回意见，难以做到，此时，教师可换位思考，给家长台阶。

★案例一★

新学期开始了，孩子们升入了小班，区角需要更换，原来的"娃娃家""美工区"可以保留，可是相关材料已经破损了，需要填充。除此之外，还要设置几个角色区。今天孩子离园前，老师写出了通知，请家长配合带一些废旧材料。然而，令老师大失所望的是带来的材料不仅寥寥无几，质量更是不堪入目。教师的工作陷入了僵局。

**分析**

对于家长来说，搜集这些废旧材料并不是一件困难的事情，没有带的原因只是由于没有认识到区角创设的重要性，老师请家长配合做的一切都是为了孩子。当然，不乏个别家长因为怕麻烦，所以才视而不见、听而不闻。

**策略**

1. 利用家长会，帮助家长树立正确的观念，取得家长的支持

(1)教师可将幼儿的区角活动照片做成PPT，循环播放，请家长观看，引发家长思考：从这些照片中感受到了什么，孩子们的哪些能力得到了发展。教师从思维发展、创造性、动手能力、社会性几方面进行小结，使家长认识到废旧材料拿到幼儿园来，会发挥更大的价值，老师所做的一切都是为了孩子。

(2)《3—6岁儿童学习与发展指南》指出：幼儿社会性是在日常生活和游戏中通过观察和模仿学习发展起来的，成人应注意自己的言行对幼儿的潜移默化。因此，家长应从点滴小事做起，积极参与活动，以此影响孩子，帮助孩子建立积极的人生观。

2. 采用多种方式，充分调动幼儿，促进幼儿发展

教师应对带来材料的幼儿及家长进行肯定与表扬，如发给幼儿小贴画，跟他们合影留念，称他们为"爱心小天使"等，亦可采取其他的奖励措施，以此带动其他幼儿。

**★案例二★**

晨晨的姥姥是一位能言善语的人，总是会抓紧时间和老师交流不停，今天早晨又老生常谈起来："费老师呀，我家晨晨就喜欢你，回家总说你对她好，不像刘老师，老是批评她，一到刘老师出早班的时候，孩子就不想来幼儿园了，你说这可怎么办呀？"

**分析**

幼儿园经常会出现这样的家长，在一个老师面前说另一个老师的不好，这类家长只是想向老师买好，这是家长拉拢人心的一种手段。作为幼儿教师，应能够站在家长的立场上换位思考，不要过分听信家长的赞美或者是批评。

**策略**

1. 正视家长的赞美，立场要坚定

首先，教师不要被家长的"花言巧语"所蒙骗，在与家长沟通时进行"正能量"的传递。如："晨晨姥姥，刘老师很喜欢晨晨，经常喂孩子吃饭，她的工作经验非常丰富，你没发现吗？晨晨现在吃饭不磨蹭了，还愿意和小朋友玩了，这和刘老师的努力是分不开的。"

2. 及时与配班的老师沟通，了解家长的思想动态，达成教育的一致性

对待这样的幼儿及家长，班级两位老师的教育方法要一致，对待家长的态度也要一致，让家长感到两位老师是一条心，挑拨离间是没有用的，无漏洞可钻，进而就会收敛。

3. 让家长切实感受到教师对孩子的关爱，取得家长的信任

教师应从一日生活的点滴入手，发现幼儿的闪光点，进行放大，亦可多给孩子一些机会，进行锻炼，如发水果、发酸奶，帮助老师做一些力所能及的事情，树立孩子的自信心。

# 问题三 被园长误解了，怎么办？
## ——与领导的沟通之道

与领导的交往也是幼儿教师人际交往中的一个重要方面。通过与领导的沟通与交流，可以使领导了解自身的工作状态、能力与优势，获得领导对自身工作业绩的支持、认可与正确评价。每一位教师在能力、性格、专业特长等方面都有所不同，通过与领导的交往、交际展现自身的优势，从而获得合理的人事安排，以及外出学习、交流和参加培训的机会，有助于增强教师间的创造力和凝聚力，提高工作的质量和效率，也能为教师专业技能的提高与自身发展打下坚实基础。但是，现实中绝大部分教师在与领导交往的过程中，总会存在不自觉的防范、掩饰心理，为沟通与了解造成了一定的障碍，也有可能会出现被领导误解、误会的时候。这时候，应该怎么应对呢？

## ★案例★

A老师是一名幼儿教师，因为学历高、能力强，一直很受园长重用。园里申报教科研课题、开展教研活动，A老师一直都是积极的参与者。近段时间，A老师发现园长对自己的态度变了，不太爱找自己商量事情了，好几次开会时都在强调"我们A老师，可了不得……我可不敢对A老师……"，但似乎并非真心夸奖。后来，A老师偶然从其他老师那里了解到，原来有一次区里来专家指导工作，跟园长说"你们A老师不错，要多给机会，不要压着年轻人"，让园长误以为A老师在背后给自己告状了，对A老师的态度也变了。A老师并没有做这件事，所以心里觉得很委屈，想找机会跟园长沟通，但该从何说起呢？

### 分析

据相关资料，领导最反感的下属特征包括对单位不忠诚、公私不分、背后倒闲话、爱发牢骚、不愿意担责任、沟通不畅等，而在这个案例中，园长之所以对A老师的态度转变就因为园长误认为A老师在背后倒闲话。遇到这种情况，怎么办？

只能积极出击、主动沟通。沟通是消除隔阂、增进友谊、形成共识的一剂良方。

**策略**

幼儿教师与领导的交往应遵循以下原则。

1. 尊重与理解

幼儿教师应顾全大局，尊重、关心与体谅领导，相信领导的决策，了解领导的需要。一个教师只有尊重、信任领导、听从领导指挥，才能得到领导的支持。尊重领导，就要支持领导的工作，服从领导的正确决定，不要公开表示对领导的不满；对领导的努力和工作成绩要给予充分的肯定和承认，不要只看缺点和不足；有合理性的意见或建议应单独找领导谈，态度诚恳，避免冲突与正面冲撞。领导也是普通人，也需要正常的人际交流与友谊的建立，因此，同领导交往时首先要消除心理上的距离感，不要因为身份、职位的限制而望而却步，只要能够与领导平等相处，在正常的交往中加深彼此的了解，即使是普通教师也完全可以与领导成为朋友。

2. 尊重与自重

幼儿教师要服从领导安排，支持领导工作，恪守岗位职责，争取领导的支持与肯定。认真做好本职工作，在教育、教学质量上创优争先，也可以在幼儿园管理、教育科研或教学改革方面多做一些事情，多提出一些建议，帮助领导出谋划策。敬业爱岗、积极进取、以自己积极踏实的工作作风去赢得领导的认可。切忌以逢迎巴结的方式去亲近领导，人际交往的基本要求就是要在尊重他人的同时有礼有节，不贬损自身的尊严与人格，当你过份亲近逢迎领导的时候，你就已经失去了人们对你的尊重了。

3. 微笑与热情

幼儿教师要关心幼儿园发展，善于接受领导的建议和意见，自身也要为学校与幼儿园的发展献计献策、不遗余力。积极向领导汇报自己的工作情况与需要解决的问题，还应该将一些具体的建议或解决问题的方案提供给领导，便于领导选择和决策，获得领导的肯定与支持。在向领导汇报工作时，要牢记以下六句口诀：明确目标，有的放矢；先总后分，巧分层次；巧用素材，精确数字；抓住中心，用例典型；用语朴实，态度乐观；多种形态，能简能详。面对领导的认可与赏赞，教师要回赠领导以微笑、热情和反馈。面对领导的困惑与迟疑，要有耐心，等待时机，而不要立即表示不满，背后随便议论，或者发牢骚、说坏话，这样容易造成误会，影响上下级的关系和团结，给同事间的正常交往带来障碍。

就本案例而言，A 老师一方面需要在平日工作中一如既往地认真努力，积极展现自己良好的素养；另一方面如有机会可以跟园长主动解释，消除误会。

## 问题四　幼儿教师如何与同事或幼儿家长相处？ ——注意人际交往的角色意识

幼儿教师除了要面对日常繁重的工作，还要具有人际交往的角色意识，正确处理好与家长以及同事之间的关系。友好和谐的同事关系可以促使幼儿教师在工作能力或技能水平上得到促进和提高，在思想和生活中得到关心和帮助，在精神和心理上保持轻松和愉快。同时，它还直接影响到幼儿身心健康和人际交往能力的发展。因此，幼儿教师应该学习和掌握人际交往规律，采用适当的方式，建立健康、融洽、亲密的同事关系。那么应该如何处理与同事的关系呢？

### 一、真诚相待

"真诚"就是真心与诚实。幼儿教师群体主要以女性为主。女性的特质是温柔细致，却也十分敏感，女教师之间容易产生一定的同性相斥的交际问题。女同事之间相处时间长了，难免会出现这样或那样的矛盾，因各种原因互相猜疑，心里出现了疙瘩。因此，应该尽量找机会，开诚布公地解释清楚误会、避免互相猜忌。同时不因别人能力强而产生嫉妒，也不因别人能力弱而冷落他人。

### 二、友好相处

幼儿园中的工作实际上表现为一种人与人相互依存的关系。因为培养和教育幼儿，让下一代健康快乐成长，是幼儿园全体教师共同的愿望和事业，必须依靠合作才能完成。合作需要气氛上的和谐一致，和谐的起点要有友好相处的愿望。与人为善、友好相处是幼儿园建立愉快、和谐氛围的基础。在与同事交往中，如果发生原则上的矛盾，必须以集体利益为重，绝不退让；若是产生名利上的纠纷，在不失原则的情况下，尽量发扬风格谦让；若小事引起的矛盾，最好能互相宽容理解，做到"得饶人处且饶人""有理也要让三分"。凡事不要斤斤计较，宽宏大度是化解人际危机的良方。

### 三、 加强交往

在日常工作中，人们往往把喜欢的感情投向周围与自己有直接交往的对象，这就是人际交往中的"时空接近效应"。社会心理学家曾经做过非常有趣的实验，请被试者将看过的陌生人照片按喜欢程度排序，结果发现，照片被看过的次数愈多，被排在前面的机会也愈多。幼儿教师日常工作中，也经常出现这种现象：一些活泼好动、性格大方的教师往往更受人关注和喜爱，而内向孤僻、不喜欢与人交往的教师常常落得"清高自傲""孤芳自赏"的"美誉"，这些全是因不了解而产生的疏离。因此，幼儿教师应多参加一些活动，增进同事间的了解，与大家打成一片。如见到同事要常打招呼，谈谈工作、拉拉家常，易于建立良好的关系。

### 四、 乐于助人

人世间，没有一个人能脱离别人的帮助而自己学会走路，没有一个人能不需要别人的支持而正常生活。但是，如果你不爱助人，也很难得到别人积极的帮助，更不要谈配合工作。根据人际互助论的说法，人与人之间的互助或交往是朝着减少代价方向发展的。也就是说，帮助了别人，同时也等于帮助了自己。从现实上来说，这种帮助是互利的、经济的；从精神上来说，这种帮助是关怀的、人道的，帮助别人能提高自己的精神境界，也能满足他人的心理需求。所以，幼儿教师应该把助人看作义不容辞的责任。同事之间的友谊就是从这种相互理解、互相帮助中开始的，也是靠这种理解和互助去维持和发展的。

### 五、 处世低调

尽管能干聪明的人似乎比平庸的人更令人赞赏和喜欢，但是人们对于能力强的人的态度常常出人意料，如《三国演义》里的杨修，能力很强，却令曹操嫉恨不已，最终将其杀掉。心理研究也表明，一个群体中最有能力、最积极的成员往往不是最受欢迎的人。原因就在于，当一个人超凡的才能令人可望不可即时，人们就会感到一种压力，就会对他敬而远之。幼儿园中也是如此，如果某位教师能力出众，又很爱出风头，特别受到领导喜欢，这位教师就有可能被其他教师排挤、疏远。那么，这位教师究竟该如何与同事相处，才能既发挥出自己的能力，又受到同事的肯定？处世低调是其中一个办法。当然，也不要贬抑自己，应该适时让大家看到自己的成绩，既不吹嘘，也不遮掩，实事求是，公开透明。

## 六、　加强修炼

要让人佩服和敬重，就必须拥有真才实学，具有实干精神。要不断地充实自己，让自己永远站在卓越的位置，才会真正令人肃然起敬，否则，其他同事只会认为你是溜须拍马。只要本着真诚待人、勤学为主的原则，就可以开拓较为良好的人际局面。勤学包括两层含义：一是勤快，二是学习，尤其是前者。比如说，在幼儿园六一儿童节表演舞台布置中，你可以勤快一点，多做一些事情，多为他人搭把手，相信这都会让同事看在眼里，记在心中，增加对你的印象分。再通过不断学习，真正掌握幼儿园中各项日常事务、教育教研规律。在工作中遇到困难，思考在先，实在不明白的，可以请教同事，谦虚的态度也会给同事留下较好的印象。

## 七、　适当赞美

"一言之美，贵于千金。"每个人都喜欢得到别人的肯定和赞美。赞美是工作和生活中的调味剂，一句由衷的赞美或一句得体的建议，会使同事感觉到你对她的重视，无形中增加对你的好感，同事间的关系也会更加融洽。赞美的另一个优点是，通过承认和欣赏别人，发现和认识自己的不足。正如谚语所说："唯有赞美别人的人，才是真正值得赞美的人。"不过，值得注意的是：不要盲目赞美或过分赞美，这样容易有献媚之嫌。当同事有真正好的表现时，要给予诚心的赞美而非嫉妒；反之，当同事出现问题时，也应该给予真诚的批评和建议。另外，赞美时应该注意语气和态度。如果缺乏真诚的态度与和善的语气，很容易让同事觉得这是话中带刺，侵犯隐私，引起反感。

## 八、　学会幽默

幽默是人类智慧的最高境界。美国一位心理学家说过："幽默是一种最有趣、最有感染力、最具有普遍意义的传递艺术。"交往中幽默的作用不可低估。幽默的语言，能使社交气氛轻松、融洽，能把快乐传递给大家，能消除人与人之间的隔

阁。一个说话幽默风趣的人，会比呆板木讷的人更受大家欢迎。幽默能让四周的气氛变活跃，幽默还有自我解嘲的功用。幼儿教师在与同事交往的场合中，有时会遇到一些尴尬的处境，这时如果用几句幽默的语言来自我解嘲，就能在轻松愉快的笑声中缓解紧张尴尬的气氛，从而使自己走出困境。工作之余，与同事讲点小笑话，开点无伤大雅的玩笑，能成为幼儿教师与同事相处过程中的润滑剂。

随着时代的进步与发展，家长的素质与教育能力也发生了很大的变化，加上中国多独生子女，家长对孩子的早期教育更加重视。那么，在幼儿老师看来，现在的家长有什么特点？老师们又该如何与家长沟通呢？以下总结出几种家长类型。

## ★案例一：金口难开的家长★

班上有个孩子的爸爸，从来都没有跟老师进行过任何主动的交流，每天接送孩子只是默默地站在一边，沉默永远是他的主旋律。老师有的时候走近家长想要说些孩子在幼儿园的表现，家长也是一直保持沉默，偶尔点一下头，就算是对老师的回答了，老师对这种情况很是苦恼。

**分析**

这类家长性格比较内向，不善言谈，因此他们不大会积极主动地与老师交流。其实，他们很想了解孩子在园的情况，只是不知该如何说起。尤其是一些男性的家长，面对年轻的女性幼儿教师更会表现出局促、腼腆、目光游离等现象。

**策略**

1. 主动交流

对于这类家长，老师应该主动与家长建立朋友关系，刚开始老师可以和家长拉拉家常，谈一些与教育无关的事，如谈谈家里的情况、最近看的电视剧等；老师还可以在家长接送孩子时与他们谈谈彼此共同关心的事，使家长觉得与老师交往很轻松，逐渐建立朋友般的关系。在此基础上，老师再慢慢与家长交流孩子的情况，由于家长和老师已经建立了朋友般的关系，在交流孩子的问题上自然而然就变得主动了。

## 2．注意选择合适的沟通方式

针对家长的不善言谈，老师还可以采取让家长看孩子的活动录像、活动照片等方式进行沟通。这种方法特别适合托班、小班等刚入园的孩子。由于刚入园，家长对于老师比较陌生，对老师还处于不相信的状态，如果此时老师能用实际行动证明孩子的进步，那就会消除老师与家长之间的隔阂，从而增进彼此的了解，甚至成为朋友。

## 3．改变沟通方式

对于不善言谈的家长来说，或许不善于说，但比较善于写，所以成长档案、便条也是与这类家长沟通的有效途径。

## ★案例二：工作繁忙的家长★

婷婷的妈妈是一名高中教师，而且是高三的班主任，工作非常繁忙紧张，从婷婷进入幼儿园的那天起，老师就难得见到婷婷妈妈，一直是姥姥接送婷婷，家长会等活动婷婷妈妈也经常缺席，偶尔爸爸会出席，亲子活动也见不到妈妈的身影，婷婷显得跟其他幼儿有些不同，活动时经常看着别人的爸爸妈妈和孩子在一起而暗自神伤，尽管我每次都与婷婷解释爸爸妈妈太忙，你不要因此难过，但还是安抚不了婷婷眼睛里的失望和心理上的自卑。

### 分析

这类家长不在少数，因为工作繁忙，就将接送幼儿的工作交给老人或者家里的亲戚等人，难得有机会跟老师交流幼儿在园里的表现和成长的瞬间，没有时间向老师了解孩子的情况，久而久之造成家长与教师之间的距离越来越远，对于幼儿成长也或多或少产生不利影响。

### 对策

工作繁忙的家长接送孩子的机会较少，他们对孩子信息的了解都是间接的，如通过老人、保姆的转达，通常不是内容不详，就是内容不符，甚至不传达孩子的信息。因此，一些现代化的联系方式就派上用场了。

第一，短信。短信是向家长传达通知最有效的方式。以短信的形式向家长发

通知，不但能够让家长及时、细致地了解幼儿在班情况，又可以防止家长遗忘通知上的重要内容。

第二，论坛。很多幼儿园都有自己的网站以及班级论坛。在论坛里，老师可以上传一些孩子的活动照片。这样即使家长工作再忙，也还是可以抽空上论坛看看孩子的在园情况。

第三，QQ 群或者微信圈。老师可以建立家长 QQ 群，聊聊孩子在园的表现、在家的情况，促进老师与家长间的沟通。同时，家长之间也可以相互交流育儿经验。

第四，电子邮件。对于难得上网，工作又确实忙得不得了的家长，老师可以定期向家长发邮件，让家长及时了解孩子的在园情况。

老师运用这些现代化的通信方式，能及时消除家庭与幼儿园在沟通过程中的矛盾，使工作更有实效性。

## ★案例三：过度热情的家长★

下雨的一天早晨，在迎接幼儿入园的时候，老师发现帅帅的妈妈正蹲在幼儿园的地上擦拭地面的雨水，怕地面过湿造成幼儿摔倒等意外事件发生，但是她蹲在那里擦拭时影响了其他幼儿和家长的出入，给我们迎接幼儿造成了不便。

**分析**

这类家长常常积极热情地关心幼儿园工作，大到积极参加幼儿园组织的活动，小到关心幼儿园的门窗、环境等是否安全，是否存在隐患，是否会伤到孩子。这类家长能积极配合老师做好幼儿园的各项工作，当然是非常受老师欢迎的家长。但是，有时候连一些鸡毛蒜皮的事他们也要管，也会给幼儿园带来不必要的麻烦。

**对策**

老师可以请这些家长来做家长委员会的成员，让他们参与班级的环境创设、亲子活动。当老师与其他家长沟通遇到麻烦时，也可以借助这些家长来做家园沟通的桥梁，请他们代表老师跟其他家长沟通，帮助老师做好其他家长的思想工作。因为有时候家长间的交流比老师的苦口婆心要有效得多，所以老师应珍惜这些不可多得的帮手，积极调动他们配合自己的工作。

## ★案例四：全权委托的家长★

成成的爸爸妈妈可谓是老来得子，两人四十多岁才有了儿子，因此对待自己的儿子特别珍爱，虽然如同掌上明珠，但是教育的方式方法却跟幼儿园的教育大相径庭。而且在每天接送幼儿时与教师的沟通不多，只是说："孩子就交给老师了，您费心。"大有甩手掌柜的架势，似乎觉得孩子教育不好就是幼儿园及教师的责任了。

**分析**

这类家长把教育孩子的希望全部寄托在老师的身上。他们认为自己既不会教孩子学绘画、音乐、儿歌等，也不懂教育学、心理学等方面的知识，没有能力参与幼儿园的教育活动，所以只能全权委托幼儿教师进行教育。

**对策**

不少家长缺乏科学的育儿知识，在家庭教育中往往不顾幼儿的年龄特点和教育规律，在生活中对孩子百依百顺。为了帮助家长提高育儿水平，拓宽育儿知识面、传递育儿经验，老师可以给家长介绍育儿类的书刊，推荐家长收看育儿方面的电视节目等。

给家长布置"作业"也是一个好办法。老师可以分期发给家长"亲子游戏问卷"，鼓励家长和孩子一起完成题目，将做好的"作业"让幼儿带给老师检查。家长通过与幼儿互动学习，对幼儿园的工作有了新的认识，就能更好地理解和支持教师的工作。

老师不仅要充分关注、了解每个家长的育儿经验，还要将不同的家长有机地结合与搭配在一起。特别是对于一些不善交流的期望高的家长，更应该把别人好的经验介绍给他，让他与别的家长产生互动，促使他们积极参与幼儿园的活动。

## ★案例五：喜欢挑剔的家长★

小强刚上幼儿园，每天哭闹，孩子又认人，只让他第一眼认识的本班老师抱，其他老师一抱他，他就哭。因此，家长提出要这个老师每天来抱小强。

丫丫妈妈不满意老师给丫丫安排的床位，多次找老师提出要求，一会儿说孩子个子比较高，比较好动，爱爬床，一会儿又说幼儿园的床不好，孩子每天中午都睡不着觉等。

### 分析

这类家长大多经济条件比较好、文化程度也比较高。他们对幼儿园的保育和教育等方面的要求通常比较多，并且有的家长还对老师持有怀疑的态度。

### 对策

面对家长的要求，老师应该热情、真诚、主动，坚持每天早晨迎接孩子，一边引导孩子认识其他老师，同时主动与孩子的家长谈心，交流一些如何使孩子迅速熟悉陌生环境的经验。渐渐地，孩子与其他老师熟悉了，家长也通过接送孩子认识、了解了其他老师。老师要以真诚和智慧换取家长的信任。

幼儿教师对家长要动之以情、晓之以理。对于案例中丫丫妈妈的要求，老师先仔细观察了丫丫午睡的表现，发现丫丫并不完全像家长说的那样，于是，老师一边给家长介绍丫丫的午睡情况，一边做好调动丫丫床位的准备工作，并用录像拍下丫丫的午睡情况，让家长知道孩子睡在这个床位其实挺好的。再告诉家长其实每一个床位都是一样的，如果家长真的觉得这个床位不合适，老师可以马上给孩子换个床位。

## ★案例六：溺爱孩子的家长★

多多的爸爸妈妈都在外地工作，多多平时跟着姥姥姥爷一起生活，老人对多多百依百顺，生怕父母不在跟前，让孩子受一丁点委屈。他们每天送孩子来幼儿园时，生怕多多吃不饱、吃不好，带很多零食来，给教师的工作带来一些麻烦。

**分析**

这类家长主要是老年人。现在许多孩子的父母工作都很忙，接送孩子多半是由祖辈家长承担。这些祖辈家长最关注的还是孩子在幼儿园里吃得怎么样、睡得怎么样、玩得是否开心、有无被人欺负等。由于隔代的溺爱，孩子经常饮食无规律，营养过剩，或者无视幼儿园的规定规则，我行我素，对于幼儿发展产生不利影响。

**对策**

对于这类家长，老师要充分利用接送时间，通过与其谈心、聊天，把自己对孩子的关心表现出来，让这些家长放心。

针对家长为幼儿带零食这样的情况，老师应及时与他们沟通，把幼儿园每天的食谱拿给幼儿家长看，同时找来有关健康和营养的资料，让家长明白吃零食的害处，使家长明白科学育儿的道理。

## ★案例七：漠不关心的家长★

亮亮已经升入大班了，但是亮亮的妈妈每次接送幼儿的时候都会走错教室，似乎只要孩子在幼儿园内就可以了，在哪个班级并不重要，老师是否更换、孩子心理是否能接受都不是问题，跟老师也无话可说。

**分析**

有一些打工族的幼儿家长对幼儿园的作用的认识只停留在看护好孩子就行了，他们接送孩子的时候从不过问孩子在幼儿园里的表现，或者是分享孩子成长的点滴故事等，漠不关心孩子是否受到了良好的教育，只觉得没有出事就行。这类家长主要是一些文化程度不高的家长，他们对自己的孩子无论是在保育还是教育方面往往都抱着无所谓的态度，认为只要孩子在幼儿园没有发生意外就行，其他情况他们不很在意。

**对策**

对这类家长，老师要经常积极地与他们交流，把孩子的表现讲述给他们听，把孩子的作品展示给他们看，告诉他们，孩子的成就主要来自父母的帮助。让家长了解，孩子的成长离不开父母的陪伴，吸引家长参与幼儿园的活动。

# 问题五　如何避免幼儿教师的不当用语？
## ——幼儿教师的沟通技巧

教师口语渗透于幼儿园一日活动的各个环节，良好的教师口语不仅能帮助教师轻松组织各项活动、完成各项教育目标，同时对于营造自由宽松、尊重平等的精神环境也起着重要作用。可在日常工作中，许多老师经常自觉不自觉地使用一些不恰当的语言，轻者无益于教育目标的达成，重者则影响到幼儿的身心健康发展。可见，教师用语的恰当与否直接影响到幼儿园的教育教学水平。那么，造成这些不当用语出现的原因是什么？幼儿教师在工作中又应当怎样避免这些不当用语呢？

**★案例一★**

刘老师是最近刚调来的一名幼儿教师，她年龄偏大、一脸严肃，一次幼儿活动时，刘老师高声对班里的幼儿说："昨天我让你们带来家里不用的矿泉水瓶，我看谁忘了！"孩子们吓得脸色都变了。

**分析**

这类语言属于反面恐吓类语言，言外之意是，如果谁达不到要求，谁就将受到批评或惩罚。这种语言违背了幼儿教育所提倡的正面激励原则，试想，孩子在这样一种恐吓情境下，能主动地、发自内心地去完成好老师所提的要求吗？即使完成了，他们的心情又是如何？大概只能是压抑、紧张与恐惧了。教育重要的是过程而非结果，在这种情景下，孩子只能是一种简单的消极应对，并不能从中得到任何乐趣。

**对策**

变反面恐吓为正面激励。教师应以充满热情和积极向上的语言激励孩子。比如：我们看看谁完成得又快又好？比比谁记得最牢？等等。甚至还可以许诺对完成得好的幼儿进行奖励，如贴小红花、点小红点、获得优先游戏权等。这种正面激励利用了孩子喜欢成功、追求上进、乐于竞争的特点，能够调动起孩子的积极性和主动性，使孩子变被动接受为主动竞争，从而促使孩子更好地完成目标。

★案例二★

有的幼儿教师经常在幼儿餐点环节说："不许说话！赶快吃！"在组织课堂教学活动时说："坐好了！不要乱动！"

**分析**

这是一种强制性的命令语言，这种语言所反映出来的师生关系仍然没有脱离以教师为中心的传统观念。在这种关系中，教师高高在上，对幼儿发号施令，拥有绝对权威；在这种高压环境下，幼儿没有发言权，没有主动地位，只能是绝对服从者。久而久之，会使孩子感到压抑，进而形成唯唯诺诺、唯命是从、胆小怕事、缺乏主见的不良性格，又如何谈得上创设自由宽松、平等尊重的精神环境，培养乐观向上、敢于创新的良好性格？况且这种简单的指令真的能让孩子发自内心地遵守和服从吗？答案显然是否定的。

**对策**

变强制命令为游戏诱导。幼儿最主要的特征之一就是热爱游戏，游戏是幼儿的生命，在游戏中，他们会全身心地投入而乐此不疲，并从中获得巨大乐趣，得到有益发展。教师应充分利用这一点，在组织日常活动或教学活动时，要能够随机应变，想办法将指令变成幼儿感兴趣的游戏，让幼儿在游戏中完成指令。比如，课前准备时，可以玩"神奇胶水"的游戏，请幼儿用想象中的神奇胶水"粘"好自己的小手、小脚、小嘴巴、小屁股，使其坐好不乱动，以集中注意力；让幼儿注意看某处时，可以告诉幼儿用小眼睛做聚光灯找到某处；让幼儿原地不动时，

可以让他们比比谁最像木头人；幼儿不好好吃饭，可以玩芝麻开门或大老虎、大鲸鱼等游戏；让幼儿不乱跑时，可让其学小猫排队轻轻走，等等。这样一来，就能使幼儿又快又好地完成指令，更重要的是，完成指令的过程充满了乐趣，幼儿的个性得到了释放，幼儿的权利得到了尊重，师生关系也更加和谐。

## ★案例三★

部分幼儿教师不注重礼貌，经常会对幼儿使用强硬的态度，如："刘宇，去把抹布拿来。""张萌，你明天把那本书给我带来。"

**分析**

这类语言属于普通祈使句，表面看来似乎没什么不妥，然而它所缺少的是最基本的礼貌用语。许多老师经常教育孩子要懂礼貌，可自己在与孩子的交往过程中却常常忽略了这一点。礼貌用语表面上反映的是礼貌问题，其实本质却是人与人之间相互尊重的问题。这类语言说明尊重平等的关系并没有在师生之间真正建立，而这种人与人之间尊重与平等的概念的形成以及礼貌习惯的养成，需要的不是单一呆板的言语说教，而恰恰是教师日常生活中一点一滴的言传身教与潜移默化。

**对策**

变普通用语为礼貌用语。比如，"××，请你帮老师把抹布拿过来，谢谢！""请你明天把那本书带来借给老师用用，可以吗？"教师要注意自己的一言一行、一举一动，要注重言传身教、率先垂范，要求幼儿做到的自己首先要做到，在与幼儿的互动过程中努力为幼儿创设一个真正平等的精神环境和文明礼貌的语言交往环境。

## ★案例四★

今天园里有公开课，由中一班的李老师授课，课下准备的时候，李老师对幼儿的配合很不高兴，对幼儿说："笨死了！连这都不会，你还能干什么？""你说的根本不可能，简直太可笑了！"

### 分析

这是一种对幼儿的轻蔑否定用语，通常当幼儿达不到老师的要求时最容易出现这种语言，它是教师消极情绪在幼儿身上的发泄，甚至可以称其为一种语言暴力，反映出教师对幼儿人格的严重轻视。这类语言会给孩子造成一种负面的心理暗示，降低幼儿的自我评价，伤害孩子的自尊心，打击其自信心，对幼儿乐观开朗性格的形成以及想象力与创造力的发展具有极大的杀伤力。

造成这些不当用语的原因很多，归纳起来主要有以下几点：第一，对幼儿的身心发展规律及幼儿的学习特点了解不充分；第二，没有真正把幼儿看作一个拥有独立人格和自主权利的人，换句话说，就是没有充分尊重幼儿的人格和权利；第三，缺乏教师语言艺术和教育机智。

### 对策

变蔑视否定为耐心鼓励。幼儿教师应杜绝这类语言的出现，应充分尊重幼儿的人格和权利，承认和关注幼儿的个体差异，了解并尊重幼儿的身心发展水平。在发现问题时，要多反思自己的教育行为，及时调整教育目标或改变教育方法，要给幼儿时间，给幼儿信心，而不是一味地打击与嘲笑；对幼儿的想象力和创造力也应给以欣赏和保护，要多对幼儿说："没关系，咱们再来一次！""要相信自己，下次一定能做好。""这次好多了，继续努力啊！""你说的跟别人不一样，还有更好的想法吗？"等等。

## 附：

### 幼儿园教师对待幼儿十忌

忌恶语：不要说"你这个傻瓜"……

忌污蔑：不要说"你简直是个废物"……

忌责备：不要说"你又做错了，真是糟透了"……

忌压抑：不要说"住嘴，不要再说了"……

忌强迫：不要说"我说不行，就是不行"……

忌威胁：不要说"我不再管你了，走吧"……

忌哀求：不要说"我的小祖宗，求求你好吗"……

忌抱怨：不要说"你这孩子真叫人伤心"……

忌许愿：不要说"你'如何如何做得好'，我就给你买"……

忌讽刺：不要说"你可真行，还能做这事儿"……

## 教师激励性语言 30 则

1. 你想得真好，为大家开了一个好头！

2. 你真聪明，想得又快又好。

3. 别紧张，你的想法挺好，能把想法说清楚么？

4. 你理解对了，要是声音再大一些就更好了。

5. 别着急，再想想，你会想起来的。

6. 别灰心，下次还有机会，咱们再争取。

7. 你的想法真好，能不能告诉大家你是怎样想出来的？

8. 你说得这么好，老师真高兴，教教同学，当小老师行吗？

9. 你读得真好听，再读一遍给大家听，好吗？

10. 没关系，老师相信你会改正。

11. 上次你错了四道题，今天只错了两道，有进步，再努力一下，下次会全对的。

12. 谢谢你们，给我出了这么多题目，有的问题让我想想，再告诉你们行吗？

13. 学习的核心是思考，同学们都学会了思考，老师真是太高兴了。

14. 这个故事同学们想不想表演一下？

15. ××说得非常好，请坐。

16. 孩子们真聪明，学得这么快！

17. ××小朋友请坐，大家还有不同意见么？

18. 刚才孩子们讨论得非常认真，大家学会了交流，老师真高兴。

19. ××小朋友真了不起，能提出这样有创意的问题！

20. ××小朋友真了不起，这是一个重大发现。

21. 这个问题比较难回答，××小朋友请坐，谁来帮帮他？

22. 在这个问题上，你可以当老师了！

23. 我们班的小朋友知识真丰富。

24. 你真棒，老师真希望每课都能听到你的发言。

25. 找到答案的小朋友请举手，看谁最勇敢。

26. 老师还有一个问题，大家帮帮老师好吗？

27. 刚才的两个小朋友很勇敢，谁还敢挑战他们？

28. 孩子们帮老师解决了这个难题，老师谢谢你们。

29. ××小朋友读音准确，声音洪亮。大家掌声鼓励。

30. 你这节课发言了好几次，看得出来你是个善于思考的好孩子。

# 第五部分
# 幼儿园教师的能力提升

　　幼儿园教师的表达能力在提高幼儿素质教育中有重要的作用，幼儿教师的文案书写也是展示幼儿教师行为规范、实现教育教学目标的有效手段。文案书写能力是所有幼儿教师应该具备的教育教学基本功。幼儿教师最常见的文案写作有以下几种：教学活动设计、观察记录、教学反思、工作计划、教育论文、幼儿评语等，基本涵盖了幼儿园一线教师的主要案头工作。那么幼儿园教师如何提高教育教学案头工作写作的水平呢？

## 问题一　幼儿园教师有必要参与教科研项目吗？
## ——积极利用教科研活动提升自身专业素养

　　教师作为人类一种古老的职业，长期以来，在人们头脑中始终存在着这样一种根深蒂固的教师观，即认为教师的职责是"传道、授业、解惑"，教师应当充当知识传递者和道德示范者的角色。然而，当代的教育发展实践证明，教师仅仅成为一名"教育者"已不能适应现代社会发展的要求。随着社会经济的发展和新课程改革进程的不断深入，对教师提出了新的挑战和更高的要求。而教师要提升自身的素质，实现专业化，除掌握必要的学科内容和教学技能外，还必须拥有一种"扩展的专业特性"。这种扩展的专业特性是指教师要通过系统的专业研究和相关的教育教学理论，实现专业上的自我发展。简单地说，教师必须具有深厚的教科研素质，成为研究者，从"知识传授者"的角色定位提高到具备一定专业性质的学术层级上来。

幼儿教育是基础教育的重要组成部分，是我国学校教育和终身教育的奠基阶段，对人一生的发展起着至关重要的作用。《幼儿园教育指导纲要（试行）》明确指出："教师应成为幼儿学习活动的支持者、合作者、引导者。"这就要求教师提升专业素养，从教书匠向教育家位移。要实现教师的专业成长，从事教科研工作是一个重要而有效的途径。同时，教科研能力的培养是幼儿园教师专业化发展的要求，也是幼儿园教师提高自身素质的需求。

## ★案例★

某幼儿园在一次游戏活动开展的过程中，许多教师提出各种问题，如"幼儿园的游戏如何开展""游戏材料该如何投放""教师应该如何指导幼儿的游戏"等，根据这些问题，教师们深入探讨和研究，把教研活动上升到了科研的层面，通过两年的努力，课题"幼儿园角色游戏材料的投放与运用"成功结题，不仅解决了该园在幼儿游戏活动中长期存在的材料问题，更提高了教师的理论水平、科研意识和科研能力。

有一天，天空下起了雨，教师组织幼儿在楼道观察下雨，蒙氏教育大一班的李琦小朋友问老师："天上怎么会有雨？"我们把这个问题作为一个教研主题，组织教师研究、讨论，共同设计了"会变的水"这一自然科学教育活动。在教学活动中，老师用灯泡当太阳，将装有水的烧杯在炉上加热，水遇热冒气，在烧杯口盖上玻璃，玻璃上有水珠，拿起玻璃水珠就滴下来。老师告诉幼儿，地面上的水受了热变成了水蒸气飞散在空中，这些水蒸气在空中受冷便结成小水滴相互碰撞、合并，体积越来越大，大到空气托不住时，就会降落下来，这就是小朋友们看见的雨。

教学活动完成之后，教师们根据这一良好的教学效果，分别撰写并发表了自己的科研论文，并为以后科学实验活动的开展找到了一条方便快捷的途径。

### 分析

以上两个案例是教研相结合的成功案例。在教研活动中，教师将抽象的教育

理论转化成了具象的教育实践，是日常教育活动向研究性实践活动转化的过程。成功的案例不少，但是幼儿园教师参与教科研工作也存在不少问题：一是口号喊得响，研究做得少；二是课题级别高，研究水平低；三是教的不研究，研究的不教；四是墙外花灿烂，墙内不闻香。

**对策**

如何开展教科研工作、提高教师的专业素养，以创造高质量的幼儿教育，促进幼儿健康和谐发展，这是目前摆在幼儿园面前的一个值得思考的问题。笔者认为，幼儿园的教科研工作应该以教室为研究场所，以教育活动为研究内容，从教师熟悉而擅长的日常工作出发，在教学中探究，在探究中反思，在反思中成长。

1. 正确认识教科研，克服对教科研的畏难心理

不少教师认为科研高深莫测，高不可攀，对科研存在畏难心理，常常谈科研色变。在教研活动中，老师很愿意针对某一次教育活动或某一个教育情境各抒己见，充分表达自己的观点，一旦上升到科研的层面，老师们就会哑口无言，无所适从。其实，从广义的角度讲，科研包含了教研，只不过科研的计划性、系统性更强。幼儿园教师更适合以教研活动为基础，在教研活动中去发现问题，再尝试从科研的层面来解决问题。

2. 教师要以研究的眼光看待日常工作

苏霍姆林斯基曾经这样说："如果你想让教师的劳动能够给教师带来一些乐趣，使天天上课不至于变成一种单调乏味的义务，就应当引导每一位教师走上从事研究这条幸福的道路上来。"教师的研究存在于教学活动之中，教师要以研究的眼光看待自己的日常工作。教室就是教师天然的实验室，教师的教学过程就是在自己的教室里进行观察与研究的过程。在这个实验室里，幼儿是熟悉的，环境是熟悉的，工作内容是熟悉的。哪些孩子性格内向，哪些孩子富有创意，哪些孩子需要鼓励，哪些孩子渴望教师更多的关注……这些情况教师都了如指掌，易于收集到珍贵的原始素材。教室犹如一台摄像机，幼儿的学习、生活和游戏都无一遗漏地呈现在教师面前，自然而真实，便于教师去观察，去发现，去理解，去欣赏。这样的研究紧密结合了教师的工作，既不会增加教师的额外负担，又易于达到教研相长的效果。

3. 教师要以探究的目光研究幼儿

幼儿园教师的研究离不开幼儿，最终的目标也是服务于幼儿。要实现这一目标，必须尊重幼儿，了解幼儿，以探究的目光研究幼儿。尊重幼儿，了解幼儿，

并不是一句空话，应当体现在行动上。一句不经意的话，或许是孩子内心强烈的渴望；一个看似简单的动作，或许是孩子无数次努力的结果；一次错误的背后，或许隐藏着孩子好奇、探究的科学精神……只有尊重孩子，才会主动接近孩子，才能破译孩子的密码，了解他们的所思所想，为他们提供内心真正需要的东西。孩子的世界是丰富多彩的，教师只要仔细观察，就会有意想不到的收获。

4. 教师要以审视的目光反思自己

反思学习是教师专业成长的一个非常重要的手段。大教育家孔子就曾提倡"一日三省"，作为教育工作者的我们更应该以审视的目光反思自己，促进自己的专业成长。教师应该反思些什么呢？反思我们设计的教育活动是否抓住了孩子的兴趣点、关注点？反思在教育活动中，我们是按自己预定的计划一成不变地实施，还是根据孩子的反应做一些灵活的调整？反思在教育过程中，我们是否关注到了每一个孩子，尊重孩子的个体差异，让孩子能够在自己原有的水平上得到进一步的发展……反思可以促进教师不断改进工作，积累经验，调整自己的教育行为，使之更符合新《3—6岁儿童学习与发展指南》的理念。通过反思，教师能学会发现问题，提出问题，解决问题，在反思中学习，反思中提高，反思中成长。

科学的道路上没有平坦的大道。在进行科学研究的探索中，我们曾有过"独上高楼，望尽天涯路"的孤寂，也有过"衣带渐宽终不悔，为伊消得人憔悴"的执着。幼儿教师只要立足本职，在日常工作中探究、反思，就会不断成长，就会收获成功的喜悦，科研之门也会向我们敞开。

## 附：

### 关注《3—6岁儿童学习与发展指南》，培养幼儿科学素养

**作者：费娇莹    指导教师：李  杨**

2012年9月，教育部颁布了《3—6岁儿童学习与发展指南》（以下简称《指南》），为教师提供了明确的儿童学习与发展内容，以及如何促进儿童学习与发展的科学依据。在深入学习《指南》后，我将指南精神贯彻于一日生活及教育教学之中，不断实践、反思，现总结经验如下。

**一、了解幼儿数学学习的心理特点**

（一）幼儿数学认知是从动作开始的

幼儿计数，起先不但要用眼看，而且要动手去数，有些幼儿数物体的时候，还要用手指碰到物体才放心。而后，幼儿可以逐渐减少用手点数的动作，他们用

眼睛看实物，嘴里默默地数，用的时候还要用手指来帮助数数。

（二）幼儿的数学认知最初要建立在具体实物的基础上

幼儿思维以形象思维为主，对物体的认识需要借助直观的材料，如要求幼儿用不同形状拼成一个图形，不能只让幼儿抽象地想，而是要把材料给幼儿，让幼儿不断摆弄和操作。提醒注意，当幼儿没有过渡到抽象水平时，一定要提供给幼儿具体形象的东西，让其摆弄，帮助他朝着抽象水平迈进。

（三）幼儿数学概念的内化需要借助于表象的作用

幼儿的数学认知开始于外部动作，但是要把它们变成头脑中抽象的数概念，还要在头脑中重构实物之间的逻辑关系。如幼儿按照红绿红绿的规律排列物体时，头脑中必定有一长串红绿红绿的表象。

（四）幼儿数概念学习经历"从个别到一般"的过程

比如，幼儿刚开始学习数的组成时，对分合关系的理解往往停留在它所代表的那一种具体实物上。知道3个苹果是3，而不知道3个橘子也是3，所以教师要尽可能地提供给幼儿丰富的材料。

（五）幼儿数学认知的巩固有赖于练习和应用的活动

大量练习能让幼儿获得大量的感性经验，从而促进幼儿的数学认知。比如，让幼儿点数散乱摆放的立体图形，幼儿往往会漏数、重复数而导致错误。教师就会教给幼儿一个策略：数一个用笔划掉一个，这个策略虽然简单，但是很少有孩子会自发运用，经过一段时间练习和应用之后，幼儿感觉这个策略的确能够帮助他们正确点数，这个策略就习得了。

**二、了解幼儿的思维特点**

幼儿思维具有具体形象性，5岁以后，明显出现了抽象逻辑思维的萌芽，具体表现在分析、综合、比较、概括等思维基本过程的发展，概念的掌握、判断和推理的形成，以及理解能力的发展等方面。

如幼儿知道"这里有6个苹果，我们两个人分，两个人要一样多，那么每个人应该得3个苹果"，但是不会回答："3+3等于几"，因为前者属于除法题，后者属于加法题。为什么幼儿能回答前者而不会回答后者呢？原来，幼儿并不是通过算术公式来解答问题的。他能正确解答第一个问题，是因为这个问题在他头脑中形成了直观的形象，而后一题是抽象的数概念。

**三、关注一日生活中的数学**

《指南》明确指出："幼儿的学习是以直接经验为基础，在游戏和日常生活中进行的，要珍视游戏和生活的独特价值。"

在一日生活中有很多活动都能与数学相结合，如运动、建构活动、语言故事等。运动中充满所有的数学元素，如空间方位、数量、部分和整体、几何图形、测量等。

如"看谁跳得远"就是运动中的数学。教师可引导孩子到沙坑去跳远，先从同一起点跳，让幼儿先进行目测。然后引导孩子从不同的起点跳，问孩子"谁跳得远？"请孩子自己到操场上去找能看到的材料，两个人一组，想办法来测量，有的孩子找来了绳子，有的孩子找来了小木棍，有的孩子找来找去找不到，想出用自己的身体，完全超乎我们的想象，孩子在这个起点一躺，发现它到自己腋窝，到那个起点一躺，发现到肩膀，然后说××跳得远。这样孩子所习得的经验在生活中是可以得到迁移的。

又如，搭积木是一种很好的开放式数学学习，美国曾经有追踪研究，在幼儿园有大量的搭积木经验的孩子，到了八年级数学成绩比同类孩子要高。因为在积木建构过程中，积累了很多空间、数量、测量单位、几何图形等的经验。

国外研究儿童建构游戏发展有六个阶段，第一阶段探索，第二阶段重复，第三阶段搭桥，第四阶段围合，第五阶段模式与对称，第六阶段装扮。

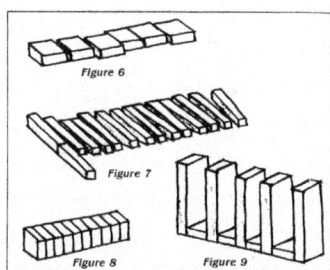

第二阶段：重复　　　　　第三阶段：搭桥

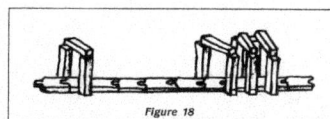

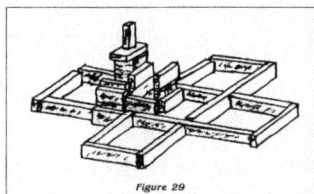

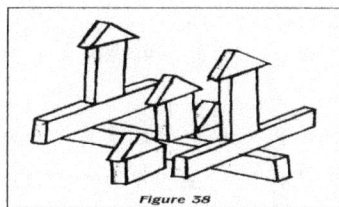

第四阶段：围合　　　　　第五阶段：模式与对称

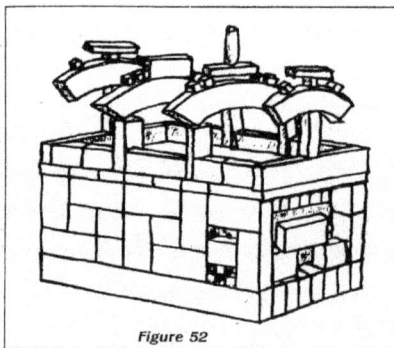

Figure 52

第六阶段：装扮

这六个阶段和数学有关系。因而搭积木是一种很好的数学学习的方式。

再如排队时，看看自己站在第几排。能力强的孩子还可以看看自己是左数第几个，右数第几个，前面数第几个，后面数第几个。

结合一日生活环节，起床、吃饭、入园、睡觉等，有意识地引导幼儿看钟表。

与幼儿散步时比一比第几棵树最高。

拍球、跳绳时，通过数数、测量的方法确定名次。

引导分类摆放玩具、图书等。

所以生活教育就是把数学教育还原到生活中，用我们的眼睛去发现数学，这样的数学学习对孩子来说，才更有迁移性。

**四、关注数学领域的核心经验**

数学核心经验强调最基本、最核心的数学概念和经验之间的关联，适合并促进儿童的数学思维发展，为儿童日后的数学学习和逻辑思维发展奠定基础，主要包括以下几点：数、运算、比较与测量、空间方位、几何、模式和分类。

《指南》科学领域数学方面的目标是初步感知生活中数学的有用和有趣，能发现简单的排列规律，并尝试创造新的排列规律。这一典型表现即体现模式这一核心经验。

模式是数学的基本主题，然而由于教师对模式概念的理解偏差，会把模式认知活动与排序操作活动画上等号，忽视儿童模式学习迁移性思维的发展。事实上，学前儿童模式活动并不只是排序学习，其重要价值体现在儿童思维能力的提升上。

教师可引导幼儿倾听具有重复性旋律和词语的音乐、儿歌、故事。鼓励幼儿尝试自己设计有规律的花边图案，创编有一定规律的动作，或者按某种规律进行搭建活动。

《指南》中目标：能借助实际情景和操作（如合并或拿取）理解加和减的实际意义。能通过实物操作或其他方法进行 10 以内的加减运算。这两条都指向核心经验——运算。以往我们教孩子运算，先是实物运算—口述应用题—列算式，最后孩子就会列式运算了。但《指南》里根本就没有列式运算。所以运算学习的关键在学龄前恰恰不是会不会列式，而是有没有理解数量的变化，组合与分解，另外感知数量变化，一个小的集合再增加元素的时候它会变大，一个大的集合你拿掉一些元素，它就会越来越少，关键是要让孩子理解运算中的结构关系和数量变化。

什么样的教学是能够帮助孩子理解数量变化的呢？绘本中有很多让孩子理解运算的很好的点，比如说"姜饼人"。

专家课题组进行了改编，第 2 个剧本姜饼人逃跑时摔碎了，碎成了刚好够追它的人每人一块，这时候就出现了均分的问题；第 3 个剧本老奶奶做成了两个姜饼人，姜饼女人和姜饼男人，它们兵分两路逃跑，这时候就出现了分解组合。第 4 个剧本姜饼人逃跑了，追的人走掉一个，再走掉一个，让孩子体验到减法。不仅让孩子看课件，还进行情境表演。

通过玩姜饼人的游戏，让孩子们感知数量的变化。给孩子一个真切的运算情境，运用数量变化来解决加减问题，姜饼人的故事涉及许多运算问题。如说合并（越来越多，现在追的人有多少？）、分开（就是第 4 个版本，越来越少，还剩下多少？）、变化未知（问增加减少了几个）、起始（逆向思维来了 3 个以后是 4 个，问原来是几个？）、比较（追的人和逃的人哪个多，哪个少？）、均分（够每人分一块）在这样的故事当中，感知数学的运算问题。关键是孩子会不会理解运算问题，并用自己的方式表征出来。

实际情境有助于幼儿理解加减法问题的意义，实物操作可以使幼儿使用演示的方式再现运算题中的行动和关系。如设计情境"小明原来有 13 块糖，给了晓红 4 块，还剩下几块？"大班幼儿可以玩超市的游戏，在超市这种情景下，解决涉及商品、价格的加减法问题更有利于幼儿理解加减的实际意义。有计划地设计价格标签，让孩子使用人民币。当学习 10 以内加减法，投放 1 元、2 元、5 元、10 元这些人民币。当学完钱币换算以后，还可以投放以角为单位的人民币。

**五、关注儿童数学学习的过程性能力**

美国数学教师协会于 2002 年发布的《学校数学的原则和标准》中第一次提出

了2~5岁儿童数学教育的内容和能力标准，其中明确指出学前儿童数学学习的过程性能力包含五个方面，即问题解决、推理与证明、交流、联系和表征。教师应充分把握这五个方面，进行有效整合。

《指南》中目标是能用简单的记录表、统计图等表示简单的数量关系。这一目标指向表征这一能力。表征就是用不同的方式来表达数学的思维。多元表征有助于儿童具体、深入地理解数的概念，提高幼儿思维发散性、灵活性。表征有实物情境表征、教具模型表征、图形或图表表征、口语表征、书面符号表征。

实物情境表征，以《姜饼人》故事为例，边讲故事边在PPT上添加人物形象，老奶奶、老黄牛、小松鼠、棕熊依次出场，让幼儿直观地看人物逐渐增多，这就是实物情境表征。

讲完故事后，教师向幼儿提出问题"发生了什么事情？哪些人来追姜饼人？"孩子们的回答就是口语表征。

进入表演环节，老师请幼儿进行表演，对于台下的小观众来说，看表演也是一次实物情境表征。比之前更逼真，小演员进行角色表演就是动作表征，也是教具模型表征的一种。鼓励孩子尝试用算式表示故事中发生的事情，就是书面符号表征。

《指南》中的数学目标"能注意物体较明显的形状特征，并用自己的语言描述"指向交流这一能力。

在"猜图形"这一活动中教师是这样帮助孩子关注图形特征的。教师用了一些组织策略，第一个就是跟孩子交流使其关注图形的典型特征，就是边和角的特征；第二个就是调动了孩子多种感官触摸觉、视觉来感知图形特征；第三个就是强调用语言进行描述；第四个就是特别关注把相似的图形进行比较。比较中最容易关注到差异性的东西，所以一定要建立数学语言意识，经常提一些开放性的问题。如你在我们教室的哪里发现了（数学概念）？当我把这些分开或者放在一起后，发生了什么？你搭的楼房与××搭的哪个更高或更宽？它们是几层楼的？你用什么办法来量的呢？你还有其他的方法来给这些物品分类吗？等等。

总之，数学知识的学习应融入儿童自己的经验和活动，教师在了解幼儿数学学习特点的基础之上，合理利用《指南》，科学指导，将有助于幼儿数学学习能力的提高。

## 问题二　如何不让"写教学反思"成为教师的烦恼？
## ——教学随笔或反思撰写技巧

教学反思是一种通过提高教师的自我察觉水平来推动教师专业成长、改善教师教学行为、促进教师能力发展、提升教师专业素养的有力手段和有效途径。教师的成长需要总结经验加反思。对于什么是反思，可谓仁者见仁，智者见智。西方哲学家通常把反思看作精神的自我活动与内省的方法。洛克认为经验按其来源可分为感觉与反思（又译反省），前者即外部经验，后者即内部经验，反思是心灵以自己的活动作为对象而反观自照，是人们的思维活动和心理活动。也有人把反思定义为行为主体立足于自我之外批判地考察自己的行为和情境的能力。笔者认为反思是个体在分析自我经验、监控和评价自我行为的基础上，依据某种标准对自己的经验和行为所进行的批判性的思考。

为激发教师的研究意识，培养教师的反思能力，不少幼儿园在教研活动中的做法是倡导幼儿园教师写教学反思，要求课后小反思、每周大反思、主题总反思等。针对幼儿园教学活动的有效组织形成一条反思链，由浅入深，螺旋上升，在反思过程中加强课程研究，提高教学技艺。在实践中，有的教师受益匪浅，而有的教师无所适从。翻开教师的反思笔记，空、浮、杂等现象普遍存在，如科学活动"沉浮"的教师的反思记录这样写道："幼儿对探究活动有兴趣，能大胆尝试，观察物体的沉浮现象，就是时间拖长了点。"语言活动"桃树下的小白兔"的教师这样写道："小朋友对故事感兴趣，想象丰富，就是没有注意面向全体……"诸如此类，反思浮于表面。那么，幼儿教师的教学反思到底应该怎么写呢？

### 一、实话实说——写得与失

一节课下来，教学的状况教师在不同程度上是心知肚明的，教学效果抑或超乎所想，抑或不尽如人意。组织教学活动可因教师一个有趣的开头而使课堂气氛空前活跃；可因教师的一个眼神、一个手势而令故事情趣大增；可因一种新的教法而获得意想不到的效果；或者因为讲得多做得少而使幼儿感觉索然无味；也会因为一个环节的疏忽而开了小差走了弯路。再者，"因"与"果"是相互作用的，不管得失成败，教师皆应实话实说，将其记录在案，以期在往后的工作中考虑更周

到，操作更自如，不走弯路，少走弯路。如幼儿提出的问题，教师一时难以回答，教师应记录下来，日后查找资料，再补充解答。

## ★反思案例一：科学活动——拆装圆珠笔★

在本次活动中，我没有注意幼儿已有的经验差异，所以，一些幼儿很容易就能完成整个过程，显得无所事事。我应该事先准备一些更复杂的笔，一旦出现以上情况，就可以给这些幼儿创设进一步探索的空间。另外，请个别幼儿为大家演示的时候，虽然使用了实物投影仪，但是效果还是不理想，幼儿依然看不清楚一些细小的、关键的步骤。可以改用小组学习的方式，让每组会装的幼儿在组内演示，这样不仅解决了问题，加强了幼儿之间的相互学习，同时，也能够给这些幼儿带来自信。还有，在把笔拆开后，要引导幼儿加深对各个零件的认识，特别了解圆珠笔里弹簧的作用。

## 二、 及时反馈——写师与生

教学过程是师生对话、互动的过程。教师的情绪，教师的举手投足，教师对幼儿、对教材的理解以及对教法、学法、教具的运用直接作用于幼儿，影响课堂气氛和活动质量。幼儿的注意情况、参与程度、疲劳状态、个性特征和经验差异等也反作用于教师。此二者同时存在，相互作用，彼此牵连，影响着教学的效果。因此，组织活动结束后教师应及时反馈，对师生双向的表现与活动的质量做辩证的分析，以帮助教师在日后备课、上课时能对"师"与"生"的情况有更全面的把握。如公开课效果不好，教师往往会说"这些孩子没配合好"，其实还需要教师反思自己：是否了解孩子以及他对于相关学习内容的把握如何；活动中是教师一厢情愿还是能顾及幼儿独特的想法与感受；教师的提问语言是否能够让幼儿明了教师的要求和意思，等等。教师要学会从自己身上找原因、求对策。

## ★反思案例二：主题活动——春天在哪里★

在开展主题活动"春天在哪里"的初次谈话中，我发现孩子们对春天已有一定的了解，经验较丰富，涉及了天气、植物、动物、人们的活动等几个方面。有几个孩子能用优美的语言去描述春天的美景，但是当问到什么是芽，什么是冬眠，孩子们则难以回答。因此，如何根据幼儿当前的水平帮助幼儿丰富经验，如何才能发挥幼儿寻找春天的最大能动性与创造性呢？"春天在哪里"这个主题内容复杂、头绪繁多，如果按一个线索发展可能太偏又不利于幼儿整体经验的获得和积累，而且容易掉入传统教育的模式。基于对本班幼儿的分析和思考，我想是否大胆一些，用分组的形式来满足不同幼儿的需要。几个线索同时展开，不仅能加快探究进程，而且能相互补充，让幼儿与同伴共同分享自己获得的经验。思来想去，我决定做这样一次尝试。

### 三、 综合分析——写教与学

教学反思应该是说课的外延，它与说课互补，形成一个完整的"说课—备课—上课—写教学反思"的基本程序。一节课过去了，教师要从教与学两个方面来综合分析。如幼儿的兴趣和接受程度如何，教法应用如何，幼儿的主动性有没有得到发挥，提问的效果怎样，环境和材料的互动效果怎样，幼儿的学习是否出现困难，幼儿学到了什么，有没有达成预期的目标，等等。一个主题延续了一段时间，做完后教师同样要综合分析，通过这几个活动能不能完成主题总目标预设的要求，开展的具体活动哪些比较符合幼儿的兴趣和经验、效果好，哪些内容远离幼儿的生活经验、幼儿缺乏兴趣，效果不够理想；主题展开中哪些内容是有机生成的；教师如何对幼儿进行跟踪观察，激励幼儿自主探索、多元表达。也可进一步反思，在主题背景下如何兼顾领域平衡等。总之，教师应对实际的教学情况进行比较分析，找出问题的关键，把影响教与学的因素分析出来，记录在教学反思中，以不断丰富自己的教学经验。

## ★反思案例三：体育活动——青蛙跳★

多年的教学经验告诉我们，上一节好课不容易，一节课要面面俱到更不可能。一节课能有一个特色，有一个闪光点，有一种值得借鉴的好做法，就得承认其成功。常州市一所幼儿园有一位男教师，他上体育课用的道具材料特别简单。他善于用简单的材料创设富有情趣的游戏和学习情境，如用一根长绳围成圆圈变成"池塘"，让幼儿在池塘里学做小蝌蚪变青蛙的过程，再把长绳变成"河"，让青蛙选择宽窄不等的距离跳过"河"。有的教师特别注意活动中动态资源的生成和利用；有的教师对合作学习或小组活动有独到的做法……在教学反思中就可以把这些闪光点扼要地记录下来，写下该活动的特点，以便日后有重点有选择地采用，设计教学程序，做到一课一特色，课课有特色，久而久之，有利于形成教师个性化的教学特色。

## ★反思案例四：科学活动——橘子和柚子★

这次活动中我们充分调动幼儿的多种感官，通过摸一摸、看一看、闻一闻、尝一尝来发现橘子和柚子的不同之处，并要求幼儿做记录。儿童的成长有自己的步调，儿童有自己独特的理解与思维方式，教师应该站在儿童的角度去理解他们"情理之中，意料之外"的想法。如活动中杨凯和居婷波小朋友想到了用棉袄和裙子来记录柚子皮的厚和橘子皮的薄。而一向害羞的袁琦小朋友居然能主动要求让他来做记录，让我感到非常惊喜。从孩子们活动中的表现来看，幼儿的能力并不是我们想的那样弱，而是很有潜力可挖。这就要求我们教师相信孩子"能行"，并给孩子更多的自由探索的时间与空间。

四、 捕捉灵感——写遐想

幼儿教师常有这样的感觉：上课时原本没有涉及的内容，因实际需要随机生成，却出现了意想不到的效果，给活动带来勃勃生机。课堂上的一些开放性提问能打开幼儿想象的门窗，展现智慧的火花。一些童稚趣语、幽默问答、探究性的发现、竞赛性的游戏、展示性的表现或随机生成的问题能够拓展幼儿思维的空间，帮助幼儿迁移经验，进一步丰富学习内容。如有一位教师在组织大班幼儿关于"声音"主题的活动时，让幼儿说出大自然和生活中经常听到的声音及其作用，并区分哪些声音是好听的，哪些是难听的。当有的幼儿说到装修房子的声音很难听时，有的幼儿辩解说："装修时声音很难听，但住进新房子就舒服了，我们有时听到不好听的声音要忍一忍。"教师及时捕捉到这一动态生成性资源，把它写在课后反思本上，随后开展了"让我们有个好心情"的健康教育活动，帮助幼儿调整消极情绪，培养积极情感，发挥了随机生成内容的教育性。有时，活动中节外生枝的小插曲也应记下来，以吸取教训。

## ★反思案例五：音乐活动——小树叶★

新授歌曲《小树叶》，歌曲中有一个难点："明年春天我会回来，打扮树妈妈。"如何帮助孩子理解这句歌词呢？小树叶落下来化作了肥料，树妈妈从中吸取了养料，明年春天又长出了新的叶子……这是一种多么抽象的知识，而幼儿的思维是具体形象的，那如何帮助孩子理解这句歌词，使幼儿投入感情来演唱呢？我决定带孩子玩一个科学实验，将落叶埋在树下，过一段时间再去观察腐烂的树叶，以此帮助幼儿理解"打扮树妈妈"这句歌词。我相信，孩子在理解的基础上再唱这首歌曲，一定会唱得声情并茂。

## 五、深度反思——写建议

在教完一堂课、组织完一次活动后，教师要静下心来，思考一下这堂课的得与失，学习材料的提供、活动环境的支持、组织的方式方法、教学重点的把握、难点的分析、是否有新的生长点或者遗留点等。然后，教师可以根据自己的教学体会和幼儿反馈的信息写建议。

## ★反思案例六：科学活动——吹泡泡★

在组织幼儿"做中学""吹泡泡"活动中，教师提问：你刚才在玩吹泡泡游戏的时候发现了什么？幼儿一般比较关注泡泡的形状大小和数量，这时教师特意提问幼儿：那你们是拿什么形状的泡器吹的？吹出的泡泡是什么颜色的？孩子有不同的看法。由于幼儿观察角度的不同，所以看到的颜色也不同。另外有的幼儿在游戏中是慢慢地吹出泡泡，因而发现了由于气流不足泡泡在液体表面张力的作用下未能愈合成一个封闭的球体，因此是椭圆的。

在此活动中，教师应重点培养幼儿的质疑精神，提出问题，进行实验验证，并要鼓励幼儿敢于说出与别人不一样的看法。此外，作为活动组织者和引导者的教师首先应掌握科学正确的原理，以免在活动中对幼儿的表现做出片面甚至错误的评价，误导幼儿。其次，教师要创设宽松情境，这是让孩子在活动中敢于提出问题、勇于发表意见的前提。同时，教师在活动中还应关注幼儿在活动中的观察，有意识地提出一些能让幼儿有不同想法的问题，鼓励并引导幼儿积极思维，这是培养幼儿质疑能力的关键。

## 附：

# "田鼠太太的项链"教学反思

### 牡丹江市幼儿教育中心　费娇莹

"田鼠太太的项链"是一节大班的数学活动，活动目标是：①幼儿能够根据故事内容理解减法的实际意义；②知道做任何事情之前都要考虑清楚，想好什么才是自己需要的，才不会犯错误。

此次活动结束后，我针对课堂上出现的问题进行了认真的反思，现整理如下。

**一、活动设计方式单一，不能充分调动幼儿学习的积极性**

我们班的小朋友能够根据故事情节回答问题，但多数幼儿不愿意讲述自己的操作，活动的兴致不高，很难说出算式的意义，如 $4-4=0$，第一个 4 表示什么意义，第二个 4 表示什么意义，这说明幼儿并没有理解减法的意义。教师在活动中更多关注的是幼儿会不会列式，而忽视幼儿对数的结构关系的认识。

《3—6 岁儿童学习与发展指南》中指出大班数学领域 5～6 岁儿童典型表现为"借助实际情境和操作理解加和减的实际意义""能通过实物操作或其他方法进行 10 以内的加减运算"。这两条都指向幼儿的运算能力。不难看出，运算学习的关键不是让幼儿列式运算，而是使幼儿理解运算中数量的变化，即当一个大的集合拿掉一些元素的时候，就会变得越来越小。

教师主要是通过看课件进行讲述，启发幼儿思考来完成教学目标的。这样的教学方式相对比较单调，幼儿活动的需求不能得到满足。幼儿数学教育倡导多元表征，根据我班幼儿的年龄特点及已有经验，教师在活动中可以引导幼儿进行多元表征，如在第一次观看 PPT 时，教师就可以请幼儿以图形表征、符号表征来记录数量减少的过程。在观看完 PPT 以后，教师可以引导幼儿进行情境表演，对于台上的小演员来说，他们进行了动作表征，对于台下的小观众来说，又进行了一次实物情境表征，使幼儿再一次感受了数量的变化。在此基础上，引导幼儿进行书面符号表征，通过数字、符号操作卡让幼儿来表征数量减少的过程。

活动结束以后，还可以进行延伸，如请幼儿通过算式操作卡来点戏，让幼儿继续创编或改编"田鼠太太的项链"这一故事，在区角继续完成从书面符号表征到动作表征的过程。

此外，"田鼠太太的项链"这一故事中有三类粮食作物，三类粮食变至没有的过程也可以作为教师引导幼儿体验减法意义及理解 0 的意义的点。

这样的设计以幼儿发展为本，幼儿在多元表征的过程中主动学习，不但能理解减法的实际意义，而且能提升思维的发散性和灵活性，加深对数的结构关系的认识。

**二、活动中教师引导不到位，不能促使幼儿进一步思考与探索**

首先，幼儿在活动的个别环节对老师的语言理解得不够清晰或表现出思维受限，主要原因是教师启发性、开放式的语言较少。比如，引导幼儿数出粮食的数量时，教师可以以启发式的语言如"你是怎样数出来的？还可以怎样数？"来启发幼儿进行多种方式的数数。还可以以开放式的语言，如"田鼠太太是在她家的哪里找到粮食的呢？""你有什么办法来记录粮食减少的过程呢？"等来引导幼儿。

其次，活动过程中大部分幼儿的情绪高涨，但也有一小部分幼儿表现得不够积极，这是因为教师的评价性语言相对比较单一，多为"你真棒""你真能干"。这样的评价不够具体，教师应针对幼儿的具体表现进行具体的评价，如"你真善于

观察!""你们俩合作得真好!"一方面对回答问题的幼儿进行了鼓励,另一方面对其他幼儿又给予了方向上的引领。

再次,《指南》指出:幼儿的发展是一个整体,要注重领域之间、目标之间的相互渗透和整合,促进幼儿身心全面协调发展,而不应片面追求某一方面或几方面的发展。活动设计中教师注重各领域间的整合,但启发引导不到位,如教师可以这样引导幼儿:田鼠太太在冰天雪地里寻找食物,她是怎样想的?你有什么话想对她说?如此引导可以发展幼儿的移情能力。

最后,教师在组织幼儿进行集体小结时,主要针对教学中"学了什么"做出归纳,而没有针对"怎么学的"进行归纳,其实教师也可以引导幼儿从兴趣、规则意识、合作意识等方面进行小结。重视知识方面的小结,而忽视了态度、情感、能力方面的小结,在今后的教学中是要避免的。

通过反思"田鼠太太的项链"这一活动,我发现自身在活动的设计、教学活动的组织方面还存在很多的问题,今后,我将认真学习《幼儿园教育指导纲要(试行)》《3—6岁儿童学习与发展指南》,虚心向有经验的老教师请教,从幼儿的实际需求出发设计课程,组织教学,促进幼儿的探索与思考,培养幼儿良好的学习品质,使自己不断地在实践中成长、在反思中成长。

# 问题三　如何妙写幼儿评语?
## ——尝试另外一种与家长沟通的方式

幼儿评语是幼儿教师对幼儿表现的一种评价,是幼儿园和家庭沟通、联系的另一种方式。通过评语,家长可以全面地了解孩子在园各方面的发展情况。同时,孩子也可以通过评语知道自己的优点和需要改进的地方。好的评语就像一份精美的"礼物",让孩子珍藏心中,一辈子不会忘。写评语是老师每学期期末的常规工作,也是一门学问,如何将评语写得生动巧妙,需要老师用心学习研究。

★案例一★

你是一个聪明、可爱的小男孩,愿意自己的事情自己做,对老师有礼貌,能主动与老师交谈；你喜欢看图书、玩玩具，上课能认真听讲，积极举手发言；语言表达能力有很大的提高；生活自理能力也有所进步。

**分析**

这条评语涵盖的内容广泛，不够具体，不能让人看到一个带有个人特征的个体。很多教师写的评语内容基本类似，看不出孩子的个性特点，不能让家长了解到孩子的优缺点，因而也发挥不了评语的作用。

**★案例二★**

你是认真、懂事的孩子。自己的事情自己做，做事认真有条理，不依赖别人，讲卫生，爱劳动，团结同学，上课能积极举手回答问题，正确表达自己的意愿。希望以后更加严格要求自己，上课认真听讲，做个守纪律、爱学习的孩子。

**分析**

这条评语的后面几句话几乎都没有主语，存在语法上的错误。由于幼儿教师的语文写作能力不是很强，在写评语时经常出现语法错误，错字、标点使用不规范等情况。这样的评语难免让家长对老师的能力产生怀疑，影响教师的形象。

**★案例三★**

你是个文静、自律的小姑娘。平时和小朋友相处较好，大家都愿意和你交朋友；课堂上能认真听讲，遵守课堂纪律，对很有把握的问题能举手回答，对画画、唱歌较感兴趣，并能主动地参加各项游戏活动，自我服务能力较强。老师相信你一定会成为我们班最出色的孩子，你有信心吗！

**分析**

这条评语基本都是写孩子的优点，但事实上或许这个孩子在课堂上的表现并不是很活跃，性格较为内向，不喜欢主动积极参加活动。许多老师喜欢大篇幅地

夸奖孩子的优点，针对孩子的问题只是蜻蜓点水地一带而过，这种只报喜不报忧的做法不利于家长全面了解孩子，从而误导家长。

**策略**

一篇好的评语可以激发孩子积极向上的热情，可以使家长更好地了解自己的孩子，因而是家园联系的重要纽带，那么如何巧妙地写好一篇评语呢？需要掌握如下技巧。

1. 要有感情

评语是教师写给孩子和家长的一封"信"，要想打动家长就要用心述说，用情感化。教师如果平时真心关爱孩子，用心观察孩子，留心孩子的喜怒哀乐，那么通过这封信你的感情就会自然表达出来，也能得到家长的信任和真情。幼儿教师不要吝惜手中的笔墨，多写一些鼓励、表扬的话语，让家长和孩子从中得到鼓舞；通过对平时细小事例的描述，让家长看出教师对孩子的细心和关注，体会到教师的和蔼可亲。如对生病请假一直未来园的孩子，教师可以这样写："婷婷，好久不见，老师们都好想你哦，希望你在家能够好好养病，快快好起来，早点回到我们的身边跟我们一起做游戏，好吗？"缺点与希望进步的地方用委婉、平和的支持性的语言来表达，如："老师相信如果你……会更出色"，而尽量少用建议性的语气，如："希望你今后……"这样更容易让家长接受。

2. 要有个性

评语切忌公式化、大众化。世界上的每个人都是独一无二的，每个孩子都是独立的个体。要让家长看到自己宝贝独有的特点。针对每个孩子不同的特征，幼儿教师要善于发现其性格中的"典型"，使其在群体中显出"不平凡"的一面，有针对性地对其进行描述和总结。"活泼好动""聪明可爱""认真听话"等词语不免让人感到千篇一律，泛泛空洞。因此，教师要全面分析孩子的日常表现，在平常的生活中筛选典型事例，使评语内容更加具体、生动。如："琪琪是一个乖巧懂事的女孩子，每次做完游戏，她都会把小椅子摆放好，吃完午餐，主动提出要帮老师擦桌子，值日工作做得非常认真，你真是一个细心的小天使！"

3. 要有文采

一段短短的评语，就可看出一个教师的文化底蕴与个人素养，除了做到言简意赅、用语规范外，教师尽可能在这小小的篇幅里做出大大的文章，通过使用优美的语言，运用各种修辞手法，如比喻、排比等，或者将几行文字写成一首诗歌，都可以让家长百看不厌，充满趣味。如："虽然宝宝年纪小，本领倒不少。

如果要问还缺点啥?吃饭香香就更好!"丰富多彩的评语形式会让家长感受到老师的良苦用心和认真的态度,使家园的沟通与交流更加愉快而美好。

4. 要有延续性

一般来说,幼儿要在幼儿园度过三年的时光,从小班、中班到大班,是孩子成长发展的过程。每个学期末,老师都要给幼儿阶段性的总结评价,在评语中,老师就要注意前后的延续性。如果在上学期指出了幼儿存在的问题和需要改进的地方,那么在本学期的评语中就要体现出幼儿在这一方面的变化,做到前后呼应,具有延续性。

家园沟通的方式有许多,评语则是其中最奇妙、特别的一种。只要幼儿教师在日常生活中细心观察和积累,用真诚的爱心给予孩子鼓励、赞扬并提出希望,一段小小的评语便能充当重要的角色,为家园架起一座沟通的桥梁。

# 问题四 幼儿园教师如何写教案? ——幼儿园教师的教案书写

在日常教学活动中,撰写教案是教师备课的重要环节,一篇好的教案是上课成功的关键。幼儿园教师同样需要撰写优质的教案、合理科学地安排教学流程,让幼儿在课堂上愉快地学习。在写教案时教师应注意以下几方面。

## 一、 安排教学内容

在上课前,教师应根据教学大纲及相关教学要求,提前准备好一个月或一周的教学内容,按照教学内容的安排,撰写每节课的课堂教案并制作多媒体课件等。

## 二、 确定教学目标

教学活动目标主要从三个方面来确定:知识、能力、情感。

以"小肚脐的秘密"为例,该课的活动目标是:

①初步了解肚脐的由来,知道保护肚脐的方法。

②鼓励幼儿大胆想象,并根据音乐用动作表现出在妈妈肚子里的快乐生活。

③激发幼儿爱妈妈的情感。

目标①初步了解肚脐的由来，知道保护肚脐的方法，是巩固和积累知识；目标②鼓励幼儿大胆想象，并根据音乐用动作表现出在妈妈肚子里的快乐生活，注重对幼儿想象力的提高和锻炼；目标③激发幼儿爱妈妈的情感，培养幼儿情感的表达和展现。

确定目标基本从这三个方面考虑，但是也要根据实际活动的侧重点来设计活动目标，有时候也可以将三个目标结合起来。

## 三、 设计教学流程

【环节一】一堂课由多个教学环节连接而成，是否能够吸引孩子的注意并激发他们的兴趣，第一个环节也就是导入部分便显得尤为重要。

在"小肚脐的秘密"教案中，教师一开始让小朋友们观察自己的肚脐，看看自己的肚脐是什么样子的，这便引发出幼儿的好奇心，很快就将幼儿带入了本节课的教学情境中。导入新课题后，接下来就是新内容的学习。如何让幼儿在活动中愉快、开心地学习，并能学有所得，教师需要用心设计活动的过程，做到由浅入深、循序渐进。

【环节二】通过前面的导入，幼儿已经对肚脐产生了好奇心，教师提问幼儿肚脐是怎么来的，带着问题引发幼儿观看课件的兴趣，在讲述小故事的过程中，教师通过问题逐步引导幼儿观察、思考，让幼儿了解到肚脐的由来。

【环节三】让幼儿根据音乐用动作表现出在妈妈肚子里的快乐生活。这个时候幼儿观看到了胎儿和肚脐的形成，已经跃跃欲试地很想自己动一动了，这一环节的设计既满足了幼儿想动的欲望，也发展了他们的身体动作，给整个活动增添了趣味性。给幼儿一个展示快乐的平台，让幼儿体验快乐、感觉快乐、分享快乐。

【环节四】这时教师继续引导幼儿认识脐带，了解肚脐的作用很重要，从而让孩子们知道应好好地保护它。让幼儿想象自己在妈妈肚子里的情景，知道妈妈孕育自己时的辛苦，此时幼儿的感情得到了激发，表达出对妈妈的爱。

【环节五】最后一个环节教师发出一个小倡议，即回家后用实际行动报答妈妈的爱来结束本次课程，使本节课得到了情感的升华。

在一节课的最后环节，教师切忌草草了事，给人虎头蛇尾的感觉，要做到有始有终，前后呼应，让整个活动圆满。而且整个活动中要以一条主线贯穿始终，使整节课条理清晰，过渡流畅。一节课上完后，让人回味无穷。

## 四、 准备教学道具

教具是为教学服务，所以宜精不宜多，宜巧不宜花哨。教具的设计和准备既要考虑幼儿的年龄特点，又要考虑课程的需要。

在写教案时只要把本课有关的教具写清楚就好了，当然，教案里写到的准备作并不单单只是教具的准备，还包括幼儿的知识准备，另外一些特殊的活动还要有天气准备等。

## 五、 教案的要素

一个完整的活动设计包含如下四个要素。

要素 1. 设计意图，也可以是教材分析。

要素 2. 活动目标。

要素 3. 活动准备。

要素 4. 活动过程。

如有必要，还可以加上要素 5：活动延伸。

总之，要写好教案，首先要选择适合本年龄层次的幼儿的学习教材，然后对教材进行深入分析，慎重地确定活动的目标，围绕目标展开流程设计，每一个环节都要切实为目标服务，以达到教得轻松、学得开心的目的，每一次活动都能真正让幼儿得到应有的提高和发展。

## 附：

### 教学案例"小肚脐的秘密"

**活动名称：**"小肚脐的秘密"

**活动领域：** 科学领域

**活动教师：** 费娇莹

**指导教师：** 张欣

**设计意图：**

一次午睡前，张涵小朋友脱衣服时露出了小肚皮，立刻引来了孩子们的哄笑，有的孩子说："你看，他露出小肚脐眼了。"也有孩子说："你快穿上，别着凉。"还有的孩子说："我就是从妈妈的肚脐眼里生出来的。"这件事使我感受到了

孩子们对于孕育生命的好奇。《3—6岁儿童学习与发展指南》指出：成人要善于发现和保护幼儿的好奇心，引导幼儿通过观察、比较来发现问题、分析问题和解决问题。所以我设计了"小肚脐的秘密"。通过这一活动让孩子了解肚脐的由来，知道保护肚脐的方法，激发爱妈妈的情感。

**活动目标：**

1. 初步了解肚脐的由来，知道保护肚脐的方法。

2. 鼓励幼儿大胆想象，并根据音乐用动作表现出在妈妈肚子里的快乐生活。

3. 激发幼儿爱妈妈的情感。

**活动准备：** PPT；音乐《天真无邪》。

**活动过程：**

一、开始部分

激趣导入，引导幼儿观察比较肚脐的外形。

师：小朋友，我们来到这个世界是件非常神奇的事情，我们摸摸自己的肚子，摸到了什么？你的肚脐是什么样子的？和好朋友比一比肚脐，你发现了什么？

师小结：每个人都有肚脐，有的向外凸、有的向里凹，有的肚脐扁扁的，有的肚脐圆圆的，每个人的肚脐都不一样。

二、基本部分

1. 观看PPT，使幼儿了解孕育生命的过程

师：我们为什么会有肚脐呢？我们来一起揭开这个秘密吧！

(1)小威是个小精子，他住在布朗先生的身体里，他和三亿个小精子住在一起，都住在布朗先生的身体里。

提问：小威是个什么？他住在哪里？

(2)他可是个游泳高手，小布也是，眼看游泳冠军赛的日子一天一天近了，小威每天都在认真地练习着……三亿个小精子也一样，冠军只有一个奖品，就是一个美丽的卵子，这个卵子住在布朗先生的妻子布朗太太的身体里。

提问：冠军的奖品是什么？奖品住在哪里？

(3)游泳冠军赛的日子终于到了，老师分给每个小精子一副蛙镜、一个号码牌还有两张地图。一号地图是布朗先生的身体地图，二号地图是布朗太太的身体地图。那天晚上，布朗先生和布朗太太亲密地在一起，老师大喊："出发！"游泳冠军赛开始了！冲啊！小威尽全力往前冲，小布也是。不好！小布超过了小威。

提问：小威应该怎么办？你想对小威说些什么？

（4）小威拼命向前游，好像他的一生就看这次的表现了，小布也是，不过，他还真是个游泳高手！耶！第一名！卵子长得很可爱，身体软绵绵的。小威越靠越近……最后……不见了！接下来，奇异的事情发生了！很美妙！也很神奇！卵子变成了受精卵。

提问：变成了什么？

（5）受精卵继续长啊长，长成了胚胎。我们就叫他胎儿。

提问：仔细观察，你发现了什么？

这就是脐带。脐带的一头连向哪儿？另一头连向哪儿？

胎儿通过它从布朗太太那里获取所需要的营养和氧气。

2. 根据音乐用动作表现出在妈妈肚子里的快乐生活

师：胎儿继续长啊长，渐渐地会吮吸手指，会捏鼻子，挠耳朵，听声音，打哈欠，打嗝，还会游泳，踢腿，打拳了。我们都是胎儿，来到布朗太太的肚子里，体验一下快乐生活。

3. 引导幼儿了解脐带的由来

布朗太太的肚子开始变大……胎儿长啊长，直到十个月过去了，小宝宝出生了。

提问：你看到了什么？

医生把脐带剪断，过不了多久，剩下的一点点也会完全脱落，所以肚子上原先长脐带的地方就留下了一个特殊的印记，就是我们的肚脐，这就是肚脐的秘密。

4. 了解肚脐的作用，掌握保护肚脐的方法

师：我们的小肚脐有什么作用呀？

（人的内脏可以通过肚脐获得部分氧气，冬病夏治贴肚脐贴有效预防感冒或者哮喘）

师：肚脐的本领可真大，怎么保护我们的肚脐呢？

小结：平时不用手抠，不能着凉，穿衣服时一定要把小肚皮盖好，用温热的清水擦洗肚脐的周围。

5. 请幼儿大胆表现自己的所思所想，激发幼儿爱妈妈的情感

师：妈妈孕育我们非常辛苦，你想对妈妈说些什么？你要为妈妈做些什么？

还有一点也很重要，我们的生命是爸爸妈妈带来的，一定要保护好自己的身体，不让爸爸妈妈担心。

三、结束部分

老师发出一个小小的倡议，请小朋友们为妈妈做一件事情，来感恩妈妈。

附：

## 教学案例"花生米的旅行"

**活动名称：**花生米的旅行

**活动领域：**健康领域

**活动班级：**大班

**活动教师：**费娇莹

**设计意图：**

进餐是一日生活的重要环节，然而我们班的小朋友在进餐时仍然存在一些问题，如不细嚼慢咽、边吃边玩、挑食、偏食等，《3—6岁儿童学习与发展指南》教育建议部分明确指出："帮助幼儿养成良好的饮食习惯。如帮助幼儿了解食物的营养价值，引导他们不偏食、不挑食，少吃或不吃不利于健康的食品；吃饭时提醒幼儿细嚼慢咽等。"因此，我设计了"花生米的旅行"这一活动，旨在帮助幼儿了解保护消化器官的基本常识，使幼儿养成良好的饮食习惯。同时，使幼儿知道糖果、巧克力等甜食吃多了会影响食欲，诱发龋齿和肥胖，罐装食品和饮料对人体有一定的副作用，这些食品要少吃。

**活动目标：**

1. 使幼儿认识人体的消化系统，了解消化食物的过程。

2. 能够说出消化器官的名称，了解它们各自的功能。

3. 使幼儿养成良好的进餐习惯。

**活动准备：**花生米、课件、拼图、挂图。

**活动过程：**

一、开始部分

给每名幼儿一粒花生米吃，并说出花生米到哪儿去了。

二、基本部分

1. 完整观看课件

教师装出非常神秘的样子，贴在个别小朋友的肚子上听一听。

师：原来花生米开始了一次有趣的旅行，我们一起来看看吧！

幼儿观看后教师提问：花生米都到了哪儿去旅行了？（引导幼儿说出口腔、食道、胃、小肠、大肠、肛门）

2. 逐段观看课件，引导幼儿说出各消化系统的功能

(1)观看第一段

师：花生米旅行的第一站来到了哪儿？

我们的牙齿有什么样的功能？

怎样保护我们的牙齿呢？(吃饭要细嚼慢咽，早晚刷牙，饭后漱口)

(2)观看第二、第三段

师：花生米旅行的这一站来到了哪儿？

顺着食道又进入了哪儿？

我们的胃有什么样的功能呢？

怎样保护我们的胃呢？(不贪食，不吃太冷太热的食物，饭后不剧烈运动等)

(3)观看第四、第五段

师：花生米旅行的这一站来到了哪？

小肠、大肠又有什么样的功能呢？

(4)观看第六段

师：食物最后来到了哪儿？(引导幼儿有便一定要及时去解，便后要洗手)

3. 做拼图游戏，巩固幼儿对消化器官的认识

师：老师这里有消化系统的拼图，下面我们分成 4 个小组，做拼图游戏，看哪组拼得又快又好。

请每组选出一个小小解说员，来向大家介绍一下消化器官消化食物的过程。

三、结束部分

观看课件，使幼儿知道哪些食品要少吃。

师：我们人体的消化器官本领可真大，我们一定要保护好它们，可是有些食品是它们不喜欢的，现在我们到食品商场去参观参观，请你说一说，哪些食品适合小朋友们吃，哪些要少吃，为什么？

延伸部分：

请小朋友们做营养配餐员，到"娃娃餐厅"去制作食品。

# 第六部分
## 突发事件处理及个别儿童指导

《幼儿园教育指导纲要(试行)》指出：幼儿园必须把保护幼儿的生命和促进幼儿的健康放在工作的首位。幼儿园应将保护幼儿的生命安全工作作为重中之重，定期开展各种形式的教育活动，普及突发事件处理常识，宣传安全事故处理理念。在面对突发事件时，教师的作用非常重要，教师要让幼儿从突发事件中冷静下来，让幼儿感到被爱、被关注，产生信赖感、安全感。幼儿园教师应该在任何突发事件中第一时间安慰幼儿，教师的语言应充满关爱，应该安抚幼儿情绪，关注幼儿的受伤状况，给幼儿以安全感和亲近感，这种安全感和亲近感使得幼儿能积极主动与教师互动，从而提高互动的效果。

## 问题一　幼儿意外摔下楼梯骨折，怎么办？
### ——幼儿安全管理及相关法律问题

突发性事故是通常发生在人们意料之外的、在瞬间造成人身伤害的或给人身留下隐患的事故，如摔伤、碰伤、挤伤、烫伤、走失、被拐骗等。

幼儿期是突发性事故发生较频繁的时期，所以《幼儿园教育指导纲要(试行)》指出："教师应该把保护幼儿的生命和促进幼儿的健康放在教育工作的首要位置。"

幼儿在幼儿园发生意外，是家长、老师都不愿意看到的。但是由于幼儿生性活泼好动，整天跑跑跳跳，对任何事物都充满强烈的好奇心，而且缺乏自我保护意识，动作协调性不好，身体机能发展不完善，在活动中不免出现磕碰等意外伤害。那么，当意外发生时，幼儿园及老师应当怎样处理呢？

## ★案例一★

值日生还在打扫教室，午睡的时间已经到了，我领其他孩子们先上床了，前脚刚踏进卧室，就听见"啊"的一声惨叫，不好，我掉头回来，只见明明一只手紧紧握着另一只手，大声地哭着，原来是刚才扫地时不小心将笤帚篾扎进了手指甲里面，"十指连心"，更何况他还是一个孩子。

**分析**

对于大班的孩子而言，轮流做值日生的出发点是好的，究竟是哪一个环节出现了问题？首先，无论什么时候，教师都应让所有的孩子在自己的视线范围之内，即使是午睡前，也不能掉以轻心。教师应事先将做值日的技巧教给孩子，如怎样去握笤帚、怎样拿抹布擦桌子等，避免发生一些幼儿没有预料的问题。

**策略**

第一，请配班老师帮助看班，保证班级幼儿的安全。

第二，教师第一时间带幼儿到医院处理伤口，可在去医院时给其家长打电话，简要说明事情的来龙去脉，请家长陪同去医院。

第三，在医生为幼儿处理好伤口后，向其询问今后应如何护理，用不用打针，吃什么药等。将所需药品买齐，交给家长。

第四，向家长表达自己的歉意，积极赢得家长的谅解。

第五，如果有特殊需要，教师可买一些水果或食品到家中探望幼儿，同时应经常打电话询问幼儿的恢复情况，安抚家长情绪。

## ★案例二★

某幼儿园大班幼儿由老师带领到户外活动，在排队下楼梯时幼儿李某站在王

某的后面，两人均站在队尾，二人嬉闹，李某躲闪时不小心摔下楼梯，导致右股骨中段骨折。

事发后幼儿园及时送李某到医院治疗，李某住院三个月后临床愈合，李某的家长就医疗费和赔偿问题与幼儿园进行协商，终未达成协议。李某家长向法院起诉后，法院做出终审判决：幼儿园对幼儿的活动管理不周，应对损害后果承担一定的赔偿责任，李某、王某未服从管理，违反幼儿园纪律是引起这起伤害事故的主要原因，应由其监护人对其行为后果承担主要责任。

### 分析

这样的事件无论是对于老师还是家长，都是最不愿意看到的，但是作为一名幼儿教师，应当具备处理意外事件的能力。案例中的教师在事件发生后及时将孩子送院就医，让孩子得到了妥善治疗，没有延误最佳的治疗时间，有利于日后的恢复。另一方面，幼儿园由于安全管理上的疏忽，受到了一定的法律制裁。

### 策略

近年来，发生在幼儿园的幼儿意外伤害事件屡见不鲜，这给我们敲响了安全管理的警钟。幼儿园安全问题是幼儿教育者的首要大事，是关乎幼儿健康成长和社会稳定的有力保障。

骨折，指人体的骨骼部分或者完全断裂，大多数骨折是因受到强力的冲击造成的。发生骨折后，骨折部位有疼痛感，并伴有肿胀、瘀血和变形，人的活动受到限制，无法负重，严重的还会出现出血、休克、感染、内脏损伤等。发生骨折应当怎样进行应急处理呢？若是小型骨折，如发生在手指或脚趾的骨折，孩子只会觉得非常疼痛，此时教师可以带着孩子去医院就诊。对于更严重的骨折，如大腿骨折等，孩子已不能走动或失去知觉，并伴有严重失血或暂时停止呼吸，这时请按以下步骤操作。

第一，立刻拨打 120 求救。

第二，如果伤口出血较多，应立即采取措施止血。可用干净柔软的东西作为软垫，直接放在伤口处，然后用宽的带子紧紧绷扎，尽量不要用止血带，以免使用不当造成肢体坏死，导致截肢。

第三，最好让孩子平躺，千万不要盲目搬动，更不能对受伤部位进行拉拽、按摩。

第四，检查受伤部位，及时就地取材，可选用树枝、木棍等固定受伤部位，防止伤势加重。如果无法就地取材，可将受伤的上肢用手帕、布条、领带等悬吊并固定在胸前，将受伤的下肢与未受伤的下肢捆绑固定在一起。

第五，不要试图把变形或弯曲的肢体弄直，也不要将暴露在伤口外的断骨塞回到伤口内，以免发生感染。

第六，若怀疑伴有脑震荡，一定要尽量减少搬动头部，可将头部抬高15～30度，取卧位。如果伤者已经昏迷，应将头部偏于一侧，防止呕吐物造成窒息。

第七，使用冰块冷敷，以缓解受伤部位的疼痛和肿胀。

第八，做完应急处理后，立即送往医院救治，要注意运送途中不可碰撞受伤部位，避免人为加重伤情。

# 附：

## 幼儿安全管理与法律法规建议

### 一、安全管理办法

（一）建立和健全各项安全管理制度

1. 实行安全工作责任制度。

2. 建立接送卡制度。

3. 建立健全考评制度。

4. 建立安全监督、检查、汇报制度。

5. 加强安全隐患排查制度，做好重点时段、重点部位的安全管理与巡查。

（二）加强教职员工的安全意识，对幼儿进行安全教育

1. 加强园长的安全意识。

2. 加强教职员工的设施安全意识。

3. 注重幼儿安全行为的培养。

（三）家园配合、为幼儿的健康成长提供安全的环境

### 二、幼儿园安全事故的法律建议

幼儿园的安全事故，是指入园幼儿在幼儿园期间和幼儿园组织幼儿离园集体活动而处于幼儿园管理范围内时所发生的人身伤害事故。

（一）处理幼儿园安全事故可遵循的原则

根据我国《民法通则》第106条、第132条，处理幼儿园安全事故可遵循以下原则：

第一，过错责任原则是指行为人仅在有过错的情况下承担民事责任，没有过错就不承担民事责任。它是我国民法确定民法责任的一般原则。

第二，无过错责任原则是指没有过错造成他人损害的，依法律规定由与造成损害原因有关的人应承担民事责任。

第三，公平原则是指根据法律不能适用"无过错原则"，而适用"过错责任原则"又会使受害人遭受的重大损害得不到赔偿，在显然有失公平的情况下，法院即可根据双方当事人的实际情况，按"公平合理承担"的原则判定，由双方分担损失的一种责任。

（二）在哪些情况下，幼儿园未依法履行职责造成幼儿伤害事故，应当依法承担相应的责任

《学生校园意外伤害事故处理办法》第9条规定了12种情况造成的学生伤害事故由学校（幼儿园）承担相应的责任。

（三）在哪些情况下，因意外因素造成的幼儿伤害事故，幼儿园不负法律责任

《学生校园意外伤害事故处理办法》第12条规定了6种意外因素造成的学生伤害事故，学校如已履行了相应职责，行为并无不当的，学校无法律责任：

1. 地震、雷击、台风、洪水等不可抗的自然因素造成的；

2. 来自学校外部的突发性、偶发性侵害造成的；

3. 学生有特异体质、特定疾病或者异常心理状态，学校不知道或者难于知道的；

4. 学生自杀、自伤的；

5. 在对抗性或者具有风险性的体育竞赛活动中发生意外伤害的；

6. 其他意外因素造成的。

（四）在哪些情况下发生了幼儿伤害事故，幼儿园不承担事故责任

《学生校园意外伤害事故处理办法》第13条规定：下列情形下发生的造成学生人身损害后果的事故，学校行为并无不当的，不承担事故责任：

在放学后、节假日或者假期等学校工作时间以外，学生自行滞留学校或者自行到校发生的；

其他在学校管理职责范围外发生的。

（五）发生幼儿伤害事故，幼儿园应当采取哪些措施

《学生校园意外伤害事故处理办法》第15条规定：发生学生伤害事故，学校应当及时救助受伤害学生，并应当及时告知未成年学生的监护人；有条件的，应当采取紧急救援等方式救助。

（六）发生幼儿伤害事故，幼儿园应注意哪些问题

①保持冷静；②及时救助；③科学施救；④面对无理取闹的家长要依法、有

理；⑤要恰如其分地追究事故责任。

总之，幼儿园安全管理是重中之重。保证幼儿的健康和安全是所有教职员工的责任，幼儿园必须不断加强幼儿园的安全管理，关注幼儿的安全问题，让幼儿在安全的环境中快乐成长。虽说紧急幼儿突发事件不太常见，但如果教师不重视对幼儿进行预警教育，又没有一定的快速应变经验、能力，不懂得及时采取科学的处理程序，极易发生不堪设想的后果。因此，一旦面对紧急突发事件，教师必须高度警醒，快速应变，采取科学的应对措施，力争排除安全隐患，努力确保平安。

## 问题二　幼儿手足、口腔等部位有疱疹，怎么办？
### ——幼儿常见传染性疾病防治

幼儿园是幼儿集体生活的场所，幼儿之间的接触很频繁，如拥抱、拉手、共同玩玩具等。幼儿是传染性疾病发生的高危人群，由于幼儿园孩子年龄小、机体抵抗力差，经常会感染一些具有传染性的疾病，如手足口病、水痘、流行性腮腺炎等。幼儿教师应该掌握这类疾病的症状、隔离期、检疫期等医学知识，严格做好消毒、隔离工作，安排好幼儿的一日活动，控制疾病的传播。

### ★案例★

最近天气持续高温，虽然每天不停地给孩子们喝水，玩具器材等坚持浸泡消毒、紫光灯消毒，坚持通风，可孩子们还会出现突然高烧的情况。然然早上入园时，嗓子稍微有些红肿，九点时体温还正常，午饭前洗手时走路就摇摇晃晃，体温已升至38.5℃。平时辗转难眠的图图今天倒在床上就睡着了，体温已近39℃。接下来的几天，孩子们陆续出现了各种不适，以我多年从事幼教工作的经验来看，恐怕今年的"手足口病""疱疹性咽峡炎"已经袭来……

**分析**

每年的七八月份，天气持续高温的时候，也是"手足口病""疱疹性咽峡炎"的高发时期。虽然气候的因素改变不了，但幼儿教师应了解疾病的预防措施及初期症状，认真做好晨检、午检以及消毒、通风工作。

**策略**

1. 报告

一旦发现师生中有传染病症状的疑似病人，教师应立即告知保健老师、幼儿园领导以及幼儿家长，重大特殊情况下幼儿园领导应按规定报教育局突发事件处理小组办公室和业务科室，同时报区疾控中心。

2. 日检

幼儿教师每天应密切关注幼儿的健康状况，统计幼儿的出勤人数。教给幼儿正确的洗手方法，认真督促幼儿洗手。鼓励幼儿多喝水，增强免疫力。如果发现幼儿身体不舒服或有 38℃ 以上高热幼儿必须迅速隔离，及时通知其监护人，劝说其带幼儿去医院看病，并在家休养。

3. 记录

保健教师应及时统计好患病幼儿的具体情况（如班级、人数、症状、就医情况、上学情况、目前康复情况等）并记录在册。幼儿教师应该每天关心患病幼儿的身体状况，并主动对幼儿进行特殊指导。

4. 消毒

根据有关规定做好消毒工作（包括发病班级及相关班级、食堂、厕所、公共场所、共用教室等），园领导要听从卫生部门的专业指导，积极采取有效措施，停止一切集体活动。幼儿教师应该每天坚持通风、消毒，认真做好晨检、午检，对于前一天发烧的孩子和早晨入园体温已在 37.5℃ 的孩子，建议其家长带孩子回家观察休息。

5. 家访

积极做好患病幼儿的家访及家长的思想工作，经常保持联系。跟踪了解幼儿的发病情况，对确定是"手足口病"及"疱疹性咽峡炎"等传染性疾病的孩子，在孩子痊愈回园时要向保健老师提交医生的诊断证明，确定痊愈方可回园。

6. 提示

加强宣传，正确认识，做好防范，确保稳定，教师可在班级门口布置"请您关注""温馨提示"之类的展板，使家长了解"手足口病"和"疱疹性咽峡炎"的预防措施，建议家长平时多带孩子锻炼身体，增强体质。新生报到时，幼儿园应要求其监护人如实填写《幼儿入园健康卡》，并如实填写《新生幼儿情况登记表》。保健老师应分类建立在园幼儿的健康档案。

# 附：

## 幼儿常见传染性疾病的防治

1. 流行性感冒

(1)病因。流感病毒引起的急性呼吸道传染病。

(2)症状。潜伏期数小时至一二日。发病急，高热、寒战、头痛、咽痛、乏力、眼球结膜充血。个别病儿可出现暂时性皮疹，或有脑膜炎、腹泻等症状。部分病儿有明显的精神症状，如嗜睡、惊厥等。婴幼儿常并发中耳炎。经三五天可退热，重症约 10 天。

(3)传播途径。接触传染。主要通过咳嗽、打喷嚏等方式排出病毒，经呼吸道感染其他人。

(4)流行特点。突然发病，迅速蔓延，患者众多，但流行过程较短，一般多流行于冬春季。

(5)护理。高热时应卧床休息。病儿居室要有阳光，空气新鲜。多喝开水。饮食应有营养易消化。对高热患儿应适当降温，可用药物降温和物理降温法。

(6)预防。增强机体的抵抗力，平时加强体育锻炼，让幼儿多晒太阳，多参加户外活动。衣着要适宜，天气骤变时，应及时给幼儿添减衣服。冬春季不去或少去拥挤的公共场所，避免感染。成人患感冒接触小儿时应戴口罩。居室要定期消毒。要保持幼儿活动室、卧室的空气新鲜。

2. 麻疹

麻疹是婴幼儿常见的呼吸道传染病，传染性极强。患过一次麻疹后，可获得终身免疫力。

(1)病因。病原体为麻疹病毒。病毒存在于患儿的血液、眼和鼻分泌物及大、小便中，未患过麻疹及未接种过麻疹病毒疫苗的小儿，均易受感染。

(2)症状。发病初期有发热、咳嗽、流泪和流鼻涕等感冒症状，2～3 天后，可在颊黏膜或唇内侧发现 0.5～1mm 直径大小的小白点，周围绕以红晕，称科氏斑。第 4 天开始出现皮疹。皮疹为玫瑰红斑丘疹，大小形状不一。发疹时，热度更高，症状加重，3～5 天出齐。以后皮疹消退，若无并发症，一切症状随之减轻。

(3)护理。居室应保持空气流通,但不宜让风直接吹着患儿。多喝温开水及热汤,促进血液循环,且有助于皮疹出透。食物应富于营养,易于消化,不必过于忌荤和忌油,特别要补充蛋白质和各种维生素,以免病中或病后发生维生素缺乏症。要经常注意皮肤、眼、鼻和口腔的清洁,以免发生并发症。

(4)预防接种。接种麻疹病毒疫苗或注射胎盘球蛋白、丙种球蛋白,使人体产生免疫。做好患儿的隔离消毒。医务人员及家属接触患儿后,不应立即接触易感幼儿,避免传染。

### 3. 风疹

常见于冬春两季,患儿多为 2~5 岁儿童。风疹病毒在体外生存能力很弱,传染性较小,可以获得终身免疫。

(1)病因。病原体为风疹病毒。病原体可由患者的口、鼻、眼等分泌物直接传给易感者,也可以通过呼吸道飞沫传播。

(2)症状。一般无前驱症状,1~2 天后出现皮疹,从面部、颈部开始,24 小时内遍及全身。手掌、足底没有皮疹。

皮疹一般在 3 天内消退,不留痕迹。发疹期间患儿可能发热或有轻度周身症状,并常患有耳后和枕部淋巴结肿大。发病初期无科氏斑。本病愈后情况良好,并发症少。

(3)护理。发热期间应卧床休息,给流质或半流质食物。饮食有营养、易消化。注意保持皮肤卫生。

(4)预防。易感儿皮下注射风疹病毒疫苗,使机体产生抗体。

### 4. 水痘

水痘是一种常见的病情较轻的呼吸道传染病。传染性极强,多在冬春季流行。病后可终身不再患病。

(1)病因。水痘由水痘病毒所致。病毒存在于患者的口、鼻分泌物和皮疹内。病初主要经飞沫传播。皮肤疱疹破溃后,可经衣物、用具等间接传播。

(2)症状。在皮疹出现前常有发热等前驱症状。1~2 天后出现皮疹,先见于头皮、面部,渐延及躯干、四肢。皮疹初为红色的小点,1 天左右转为水疱,3~4 天后水疱干缩,结成痂皮。干痂脱落后,皮肤上不留疤痕。发疹期多有发热、精神不安、食欲不振等全身症状。在病后 1 周内,由于新的皮疹陆续出现,陈旧的皮疹已结痂,也有的正处在水疱的阶段,所以患者皮肤上可见到三种皮疹:红色小点、水疱、结痂。出疹期间,皮肤刺痒。

(3)护理。发热时应卧床休息。室内保持空气清新,吃容易消化的食物,多喝水。注意皮肤清洁。剪指甲，避免抓破皮肤，引起感染。

(4)预防。隔离患儿至皮疹全部干燥结痂为止。没出过水痘的孩子要避免和病儿接触。

5.流行性腮腺炎

由流行性腮腺炎病毒所致的急性呼吸道传染病。在儿童集中的幼儿园，极易发生暴发性流行。以腮腺的非化脓性肿胀及疼痛为主要特征，多流行于冬春二季。患者可获终身免疫。

(1)病因。病原体为腮腺炎病毒。病原体存在于患者的唾液中，主要由直接接触和飞沫而传染。

(2)症状。多数患儿无前驱症状。腮腺肿胀可先见一侧，1~2天后则波及另一侧，腮腺肿大，边缘不清楚，有触痛。在腮腺高度肿胀时，多数患者有发热等周身症状，白细胞数增加，4~5天后肿胀渐消。

(3)护理。患儿应卧床休息。多喝开水，应给流质或半流质饮食，以减轻咀嚼时的疼痛，多用盐开水漱口，以保持口腔的清洁。腮部疼痛时用热敷或冷敷。体温太高可用退热药，同时要预防并发症的发生。

(4)预防。隔离患者，保护易感儿。接触者可用板蓝根冲剂预防。

6.手足口病

婴儿和儿童的常见疾病。

(1)病因。有多种肠道病毒可引起手足口病。最常见的是柯萨奇病毒 A16 型及肠道病毒 71 型。其感染途径包括消化道、呼吸道及接触传播。

(2)症状。初始症状为低热、食欲减退、咽痛。发热 1~2 天后出现口腔溃疡，开始为红色小疱疹，然后常变为溃疡。口腔疱疹常见于舌、牙龈和口腔颊黏膜。1~2 天后可见皮肤斑丘疹或疱疹，常见于手掌、足底和臀部。

(3)护理。

(4)预防。勤洗手，多通风，对幼儿物品进行消毒，避免到公共场所，补充营养，多休息，提高免疫力，如有不适，及早到正规医院就医。

## 问题三　孩子孤僻、迟缓，怎么办？
### ——幼儿问题行为的应对策略

幼儿问题行为是指那些和普通幼儿的一般行为相比表现出的过度、不足或不恰当的行为。在某种意义上，问题行为可称为"不正常行为"。由于正常行为与不正常行为是一个连续体，连续体的两端是正常和不正常，而绝大多数的幼儿行为都属于两者之间的某一点，因此一般幼儿都不同程度地存在一些问题行为，只是严重程度不同而已。问题行为有不同的种类，许多研究者从不同角度做过不同的划分，归纳起来主要有以下几类。社会行为问题：攻击、破坏、说谎、不能与其他儿童友好相处、过度反抗或任性等；情绪情感问题：抑郁、冷漠、焦虑、选择性缄默、过分敏感、易幻想等；习惯问题：习惯性吮手指、咬指甲、晃头、眨眼、玩弄生殖器及饮食、睡眠、排泄上的不良习惯等；发展问题：排泄技能障碍、睡眠障碍、神经易紧张或生长发育迟缓、发育不良等；学习问题：活动过度、注意分散、反应迟缓等；精神问题：儿童恐惧症、儿童忧郁症、儿童狂躁症、精神分裂症前兆、儿童多动症、小儿自闭症等特殊问题。

## ★案例★

清晨，郑玉和大姨牵着手，小脸阴阴的，慢慢地走了过来，还没到教室门口，她的眼泪就下来了，她抬起头，紧紧抓住大姨的衣服："大姨，大姨……"轻声地纠缠着什么，大姨连连点头，嘴里也叨咕着。我迎了上去，郑玉住了口，手却抓得更紧了，试图拉着大姨往回走。"郑玉，为什么哭呀？"郑玉看了我一眼，显得更着急了，近乎哀求地缠着大姨边哭边说："大姨，我要回去，嗯……嗯……"大姨唯恐老师批评她，连忙说："陆老师，我们到楼下去一趟，待会儿再上来。"说着，带着郑玉下楼去了。"唉……"我无奈地轻叹了口气。

### 分析

郑玉是个内向孤僻的孩子，小班时是哭得较"韧"的几个孩子之一，小班第一学期快近尾声时，她才适应了幼儿园集体生活。可是已经是中班下学期了，而且开学也已两个星期，她依旧每天来园时要哭，不能不引起我们的重视。我曾经分析过郑玉的个性，她的先天气质偏抑郁质，心理表现为敏感、畏缩、孤僻。她的行为、语言、思维有其特殊性。郑玉的自理能力较弱，如在中午吃饭的时候，饭菜都放在桌上了，她却用手支着头，一脸不高兴地看着饭碗，要是我们要求她："郑玉，都上中班了，已经是大孩子了，要自己吃饭了。"她就别过脸，一滴一滴开始掉眼泪了。问她怎么了，不是"我不要吃菜"，就是"太多了，我吃不完"。但只要老师提出："郑玉，老师来喂你。"她就张大嘴，一口一口地把饭菜都吃光了。她对美工活动和计算活动兴趣不高，经常犯难地说"我不会"，完成得也很慢。但是郑玉的语言和思维能力发展得很好，口齿清楚伶俐，表达流畅，思维有序，回答问题正确，想象力也丰富。综合这些情况，我认为郑玉的先天气质虽然偏于抑郁质，但其高级神经活动类型并不是"弱型"的，相反是属于"强型"中的"活泼型"。造成郑玉种种行为性格问题的，是后天的教育影响，尤其是家庭教育的结果。仔细分析郑玉的家庭情况：她自幼是大姨带大的，最亲最依赖的人是大姨，父母虽是同住，他们的主要任务可能也就是给她讲讲故事，偶尔交流，吃、穿、睡都是大姨照料的，连假期也跟着大姨回乡下。大姨是个尽心尽责的保姆，但在教育上，不懂或不能像父母那样要求她，只是一味依着她，任何事一手包办，所以造成郑玉大脑思维发达、动作行为迟缓、性格又相对孤僻的现状。

**策略**

1. 教师要善于观察，及时发现孤僻幼儿

孤僻的孩子不一定是不愿意与人交流，也许因为他们的内心世界过于自我，有过于保护自己的想法和思维。只要拥有了打开对方心灵的钥匙，教师便能与孤僻小孩成为朋友。那么打开心门的钥匙是什么呢？作为一名幼儿教师，首先要做个有心人，在开学的时候就要非常细心地观察班里的每一个幼儿，看他们是不是与别人有不同之处，分析其中原因。如果有的小朋友有心理障碍，就要马上采取相应的行动，以免错过最佳的教育时机。

2. 家长和幼儿园相互配合

幼儿园的任何教育工作都是离不开家长的支持与配合的。幼儿孤僻的性格首先来源于家庭，所以，在帮助孩子走出"自我"的过程当中，教师应当与家长达成共识。一是引起家长重视。现今社会许多家长因为工作忙碌，对孩子疏于照顾，把孩子交给幼儿园便什么都不管不顾了。面对这种错误的思想，幼儿老师要多与家长沟通，让他们意识到家庭在孩子成长道路上的重要性，让他们放更多心思在孩子身上。二是家长不要对孩子过于溺爱，要多带孩子走出家门，到大自然中欣赏美丽的世界，让他们不仅在身体上，还能在心灵上得到一种调节和放松。家长也要多多支持他们与人交往，多带孩子走亲访友，让他们从与别人的交流中得到乐趣并产生兴趣。

3. 教师给予更多的关心和照顾，让孩子尽快适应新环境

幼苗需要爱心浇灌，孤僻的孩子更需要爱的滋润，要让他们感受到老师像妈妈一样可亲，感到幼儿园像家一样的温暖，这点非常重要。老师们把这些孩子当成自己的孩子，以慈母般的爱和温暖去感化他们坚硬的内心。特别是在平时的上课过程中，多给予孩子一些关注。如帮他们梳头发，在他们入园的时候把他们温和地抱在怀里，轻轻地爱抚他们的头，拉拉手，让孩子一进幼儿园就有安全感，课堂上或是游戏中有意找他们回答问题、交谈或一起做游戏，在众人面前给予表扬，提高他们的自信心，从谈话和游戏中逐步提高他们的口语表达能力。

4. 为孩子们营造轻松的学习环境

幼儿教师要考虑让孤僻幼儿尽快适应集体生活。首先，教师对待孩子们的态度应有助于形成温馨的心理环境。严厉的老师现在已不再适合新的教育模式，几乎每一个幼儿都喜欢亲切、和蔼、爱笑的教师，如果老师像妈妈一样能够给孩子们带来安全感、信赖感，孩子的戒备心理也会很快放下，从而融入集体。其次，教师要把自己放在与孩子平等的位置上，从"蹲下来说话"到接近幼儿的"娃娃音"，这些小细节和小动作都能够引起孩子的注意，每天也可以多抱一抱孩子，亲一亲孩子，让孩子感到教师真心实意的情感。

## 问题四　怎样走进"熊孩子"的内心世界？
## ——掌握个别儿童教育方法

近两年来，"熊孩子"一词被频繁使用。该词来自北方方言，指调皮、乱翻东西、搞破坏、不守规矩的孩子，也有人把他们称为"捣蛋鬼"。按照幼儿行为无厘头的表现，可以将"熊孩子"分为以下几种类型：霸道型的"熊孩子"，他们的言行特征是看到什么都想要，特别喜欢抢夺或破坏别人的东西；老大型的"熊孩子"，他们的言行特征是唯我独尊、有控制欲、喜欢拉帮结派、欺负其他小朋友等；探险型的"熊孩子"，他们的言行特征是贪玩、不受大人管制、安全意识薄弱；吵闹型的"熊孩子"，他们的言行特征是公共场合喜欢哭闹喧哗、好引人注意、喜欢缠着别人陪玩等。"熊孩子"们通常特别好动、爱东窜西跑、打打闹闹，到处磕磕碰碰，天天有人告状。对待这样的孩子，教师通常花费了很多的精力，投入了很多的教育时间，但效果不佳。幼儿教师如何面对这些孩子、怎样教育好这些孩子，已成为一个难题。

**★案例★**

幼儿园每天上午都有外教课，刚开始的时候孩子们纪律还算好。可是没过几分钟，班里的"小顽皮"开始坐不住了。我严肃地要求他保持安静，但是他根本就不把我的话当回事。看到后面有玩具，马上就转过身玩起来。他这一玩不要紧，旁边的孩子也开始不认真了，我想着有一位老师曾经用过鼓励的语气教导过一个孩子，还挺有用的。于是我决定也用这样的方法去教导他。我走到他旁边，对他说："老师想请你帮个忙好吗？"他立马答应了。我说："我想请你帮老师把这些玩具整理好，可以吗？"他很快就把玩具收拾好了，我对他说了一些表扬和鼓励的话，接着又说道："老师还想请你帮个忙，现在外教老师在上课，如果你在这里玩玩具就会影响到其他小朋友，我想请你回到座位上去上课，下课以后再来玩好吗？"想不到，这一招还真管用，听了这些话以后，他居然渐渐安分下来，开始认真地跟着外教读单词，开心地做游戏了。

**分析**

案例中的孩子爱动、坐不住，要求他安静地坐下来几乎是不可能的事。既然他闲不住，不如叫他做一些事情，比如，整理书本、擦柜子。把事情做好以后，根据情况给予一定的表扬，得到表扬后，他心里很高兴，同时也就懂得了做哪些事情可以得到表扬，哪些事情是不能做的。对于这样的孩子，当他不听话的时候，一定不能大声训斥，而应该用温和的语气跟他说话；要以同伴的身份说一些鼓励的话，让他觉得你把他当成朋友。这样，首先让他在心理上接受你，然后就可以对他提出一些要求。

**策略**

1. 尊重、善待孩子

每一个孩子都有自己独特的一面，有的沉默，有的善辩，有的善良，有的霸道，有的笨拙，有的聪明，这是人的个性。孩子的本质特征是一样的，孩子的顽皮、好动只是他的独特性的展现。由于孩子受到环境、家庭、遗传的影响，他们的个性较难改变，幼儿教师一定要尊重他们，不以异样的目光看待他们的行为，

不以另类的方式处理他们。宽容理解孩子们的过激行为，善意地对待孩子的差异，让顽皮的孩子感受到老师的真诚，从而坦诚面对老师，师生间营造平等、和谐、愉快的交往氛围。

2. 欣赏、发现孩子

顽皮的孩子生性好动、好斗，好奇心强，他们好表现自己，常在老师面前活动。比如，在教学活动中，老师刚拿出图片，他就会第一个冲到前面看个究竟；老师还在交代操作要求，他已经迫不及待地打开了操作盒；游戏时他更是霸王，他统领周围男生，吩咐他们做这做那，整个区域只听到他大声吼叫的声音；下课后，他就更神气了，跑前窜后，与这个过招，与那个比武，谁有了新玩具，过一会儿准会到他手里。这样的孩子精力旺盛，如果幼儿老师整天跟着他处理这件事那件事，那真是筋疲力尽。所以老师要以静观变，耐心观察他们的行为，顽皮孩子的聪明劲儿让人刮目相看，他们的大胆、创新在满足自己的需要时自然就表现出来。的确，换一个角度，换一种方法，你会走出极端。以欣赏的眼光看待顽皮的孩子，你会发现他们身上有许多闪光点，让你欣赏不够，赞叹不够，让你不得不重新审视这些顽皮的孩子，度量这些孩子，从而以积极的态度正视他们的优缺点，发扬他们的长处，使他们能健康活泼地发展。

3. 激励、指导孩子

顽皮的孩子好动不好静，争强好胜，有不服输的精神。老师应该重视这一点，合理利用他们的好胜心理，引导他们在学习活动中树立信心，争强好胜，从而促进他们的学习。

"熊孩子"们不是另类，他们是集体中的成员，我们要客观公正地看待每一个孩子。在对这类孩子进行教育的过程中，教师应该更有耐心，仔细认真地观察他们，针对他们不同的个性，采取不同的方法措施对他们进行教育，努力发现他们的长处，挖掘他们的潜能，以此来激励他们，鼓舞他们，让他们增强自己必胜的信心，尽力控制自己的不良行为，改变自己的形象，使自己各个方面都取得进步，做个虽然顽皮但是很讨人喜欢的、聪明能干的孩子。

# 附:

## 探讨教师对幼儿突发性事件应急处理的科学程序①

在丰富的幼儿一日生活、游戏活动之中，虽说平安、健康、快乐是主旋律，但也难免常伴有突发性事件的发生：头痛、发烧、抽搐、呕吐、肚子痛、撞伤、咬伤、异物入鼻……主班教师如何科学地处理这些突发性事件，显得非常重要！因为看似平常的突发性事件，如果仅仅依赖于侥幸平安是很不科学的，假若不能科学及时地予以处理，则完全可能会招致意想不到的更大的安全隐患，例如，万一贻误病情，则可能造成更为严重的生命伤害事故，等等，所以，必须善于积极运用科学发展观来指导幼儿教育工作，尽力对教师、对孩子、对家长预警教育在先，防范在先，才能最大限度地消除安全隐患，让创平安质量成为一句响亮的口号！

### 一、一般性幼儿突发性事件应急处理的科学程序

案例一：一天中午，正值午餐时间，小顺突然说："老师，我肚子疼。"班主任立即吩咐保育老师带孩子到校医那里去看一下。于是，保育老师向主班的配班老师告知了一下后，就带着孩子到医务室，请校医给孩子看病。校医看后的建议是：孩子脸色无异常，先观察一下再说，等中饭吃完后，再来班里看一下孩子。保育老师就带着小顺回到教室，再向班主任和主班的配班老师汇报了校医的处理建议。

反思：作为班主任，发现孩子肚子疼能立即重视，并及时主动指导同班教师做好该事件的处理工作，还是非常值得肯定的，因为班主任本身的工作性质之一，就是必须与同班教师齐心协力，分工不分家地竭诚做好幼儿的安全呵护工作。但在离园环节，教师还应及时向家长汇报告知，以便提醒家长引起重视，这方面案例中的教师做得还有欠缺。

案例二：一天上午，老师带着孩子们在草地上自由游戏，小舒突然出鼻血了，班主任立即叫保育老师带去处理一下。于是，保育老师一边让小舒微微仰起头，一边牵着他的手回教室。一到教室，老师拿了一张椅子，请他靠墙边坐下，仰起头举起手(左鼻孔出血举右手，右鼻孔出血举左手)，再拿一点洁净的卫生纸，轻轻地塞进出鼻血的鼻孔。离园前，老师把孩子出鼻血的事告知了小舒的妈

---

① 资料来源：龙游县实验幼儿园网站《探讨教师对幼儿突发性事件应急处理的科学程序》，作者严利华。

妈，他妈妈说他确实会经常出鼻血，医生看过也没什么好办法。

反思：针对小舒突然出鼻血，且出血量少的情况，主班的班主任能立即重视，及时让保育老师带去处理，且在离园时，又能及时告知家长，其处理程序基本正确，但最好在保育老师简单处理完毕后，再将孩子带到校医处看一下，并可与家长探讨一下有关出鼻血如何及时处理的话题。

其实，类似这样一般性的幼儿突发性事件非常常见，如肚子不舒服；手上、脸上有轻微的抓伤、咬痕，等等。一般由主班老师查询一下，或做简单必要的处理之后，再及时带孩子到校医那儿去处理，必要时还应及时向班主任、家长联系汇报，而且最好在离园家长接孩子环节，及时告知家长事件实情，适当提醒家长应注意孩子的有关安全事项。

**二、紧急幼儿突发性事件应急处理的科学程序**

案例一：一天晨间，刚从走廊做完早操回到教室，保育老师发现瑗瑗在挖鼻孔，走过去一询问，才得知她的鼻子里塞进了异物，保育老师立即报告给主班教师，主班教师立即做了简单的检查，并决定必须立即送医院，随即让保育员照顾好其他小朋友，电话通知班主任赶来，并及时与其在医院上班的家长取得联系，告知孩子妈妈所发生的紧急情况。主班教师抱着孩子来到她妈妈所在医院，一起送到五官科，医生检查后，也直感叹道：若此异物再进入鼻腔深处，可能就要动手术。待取出异物后，老师看到是一颗塑料圆珠子，此时园领导也打电话来关心，教师把主要情况做了简单汇报。在回园路上，老师向孩子仔细询问了解事情发生的经过，一回园，就立即对全班孩子进行了安全事件的教育。

事后，主班教师向领导解释了整个突发事件发生、处理的情况。坦承确实因为当时情况紧急，而且考虑到她妈妈在医院工作，所以抱孩子离开幼儿园外出时没有及时向领导汇报。

反思：以科学处理幼儿突发事件的观点来分析此案例，的确，教师按理应分别向家长、领导同时做简单的应急汇报，以符合正常的工作程序、法定程序，而几位老师的应急具体分工，还可以做进一步的科学探讨。

案例二：一天中午午睡，保育老师无意从文文被子的抖动发现了异常：文文嘴唇发紫，全身抽搐。保育老师立即抱起他冲下楼，同时紧急告知主班教师，快速抱着孩子冲进幼儿园隔壁的妇保院，送入急诊会诊，而此时，班主任已立即打电话告知其家长、领导，他们也分别先后赶到医院帮着处理。

反思：由于此事发现及时，教师高度重视，反应快速，送救及时，且能及时、准确地告知家长、领导，使应急处理尽力到位，让孩子的家长感激不已，孩子安然无恙，平安、健康是家长、老师最美好的祈愿。

案例三：中午午睡时，老师看见涵涵突然爬起来，想哭的样子，以为他想小便，他却哭着说要吐，刚说完，就呕吐起来，老师立即抱起他，冲进卫生间，等他吐完，再让其用温水漱口，并喝一点开水。处理好呕吐后，老师问他身体哪里不舒服，他诉说肚子痛。于是，保育老师立即向主班的班主任报告，而后协商应急处理，联系家长，带文文到医院看病，但联系不上文文父母，只联系上了孩子的叔叔，因孩子的叔叔在乡下，一时赶不回来，其叔叔委托老师带孩子去医院看病。老师当即打电话给校医、领导，当校医赶到察看时，孩子的病情已趋于稳定，校医建议先观察一下，而后，园领导也赶到予以关心、指导。

反思：事后，班里的几位老师也探讨了此次突发性事件应急处理的过程，由于高度重视，科学、灵活、及时地予以了处理，故家长赶到后，了解了老师的处理过程，也笑眯眯地表示满意。

案例四：一天下午户外游戏，老师正全神贯注地看护着孩子们兴高采烈地玩大型玩具。突然保育老师看见了惊恐的一幕：小亮一手抓住滑梯外的高护栏杆，另一只手也快速抓住另一根护栏杆，惊险地悬挂在空中，保育老师立即冲上去一把抱住她，再把她轻轻放下。而后，老师既高兴地表扬了她能勇敢自救，又严肃地教育她玩滑梯一定要注意安全，并拍拍她的肩，让她休息一下。

反思：事后，老师立即向家长、园领导、主班老师和班主任做了汇报，尤其指出该大型玩具高度太高，还不适宜小班年龄幼儿活动，并提醒主班的配班教师，在组织幼儿玩滑梯前，应对孩子进行正面的引导警示教育。

虽说此类紧急幼儿突发事件不太常见，但如果教师不重视对幼儿进行预警教育，又没有一定的快速应变经验、能力，不懂得及时采取科学的处理程序，极易发生不堪设想的后果。因此，一旦面对紧急突发性事件，教师必须高度警醒，快速应变，采取科学的应对措施，力争排除安全隐患，努力确保平安！

正如园内温馨的墙饰语所祈愿："生命诚可贵，安全第一位""人人讲安全，家家保平安""安全是朵幸福花，合家浇灌美如画""幸福是棵树，安全是沃土""把握安全，拥有明天"。一旦发生幼儿突发性事件，教师必须高度重视，快速及时、科学灵活地予以处理，努力确保孩子平安、健康、快乐成长！

## 附：

**幼儿园突发事件的防范与对策**①

在幼儿园里，突发性事故频频发生，意外伤害已成为影响幼儿健康成长的第一杀手。往往这些突发性的事故都是由于大人小小的疏忽造成的，要知道，一个小小的疏忽都可能给幼儿造成伤害。

**一、老师、家长的疏忽**

1. 幼儿在晨检时衣袋中的利器未及时收去或是家长在送幼儿进班级后给了幼儿。例：有一次我带幼儿到楼下晨间活动时，发现大班的吴家祥边下楼边拿着一把小刀在楼梯的扶手上敲，我马上制止了他，没收了他的小刀，并问他为什么身上会有小刀，他说是他奶奶买给他的，他知道晨检时会被收走，所以让奶奶在晨检后再偷偷拿给他。

2. 家长没有准确填写幼儿服药记录，造成保健医生给幼儿服药时，不能很好地核对姓名与剂量。很多家长因为赶着去上班，没有跟保健医生讲清楚，胡乱填了几下放下药就走了。

3. 递剪刀给幼儿时尖的方向对着幼儿，这样可能会刺伤幼儿。应教幼儿怎样使用剪刀。

4. 热水瓶放在幼儿能碰到的地方。幼儿园很少会有热水瓶，这个事故通常在家中发生，所以家长们应该注意这一点。

5. 送开水、送饭的路线是幼儿经常活动的地方。

6. 幼儿午睡时，教师擅自离开或打瞌睡、干私活。

7. 教师胸前戴了别针或指甲留得太长。有的教师爱漂亮，却没考虑到这会不会扎伤幼儿。

8. 活动前未检查运动器械及活动场地的平整和场地有无不安全障碍物。

9. 活动前未检查幼儿的衣着、鞋带。

10. 每次活动前后及老师交接班时没有及时清点幼儿人数。

11. 幼儿园的大门没有及时关，导致幼儿私自跑出幼儿园。

12. 课桌椅上的钉子松动脱落，没有及时修理。

13. 建筑物转角处及家具棱角尖硬。

14. 女孩身上的装饰物（如手链上的小铃铛之类的东西）易入口鼻耳。例：班

---

① 资料来源：道客巴巴网站《幼儿园突发事件的防范与对策》。

上来了个插班生巧云，我在介绍新朋友时讲过大家要一起玩做好朋友，结果当天晚上接到了巧云妈妈的电话，说她回家一直哭着说耳朵痛，结果带到医院检查，发现有一粒小珠子在耳朵里，还好取出来了，巧云说那颗小珠子是雅真给她的。怎么会有小珠子呢？保健医生早上也没发现谁带了珠子。第二天，我问了雅真才知道她的珠子是衣服上扯下来的，分给了新朋友，巧云没地方放就放到耳朵里，结果拿不出来了，也不敢跟老师和家长讲。

15. 换完接送卡后，家长只顾自己聊天，让幼儿自己玩。例：有一次小班非凡的妈妈在与老师换完接送卡后，就让非凡去玩滑梯，自己则和其他的家长聊起来了，非凡玩了一会儿看不到妈妈，着急了以为妈妈先回去了，就边哭边向门口跑去，门卫以为是小孩跟家长闹脾气跑开了，所以也没去在意，过了一会儿，有个家长过来问："怎么会有一个小孩在路上哭啊？叫他上来找老师他也不要。"我听了后赶紧去看，结果看到非凡一个人跑了很远，我跑过去抱他回到幼儿园时，看到他妈妈还在和其他家长聊天。

16. 幼儿的鞋不合脚。幼儿长得快，所以衣服鞋子每年都得换，有的家长希望孩子的衣物能穿久一点，所以都会买大一点的，但幼儿穿了大的鞋子，走路就会经常跌倒。

17. 女孩子头上的卡子。有的女孩子爱美，头发留得很长，家长会在孩子头上别很多卡子，但是她们常常忽略卡子上有无螺丝、是否尖锐、是否会弄伤幼儿。

18. 将幼儿落在已开消毒灯的寝室里。保育员为了赶时间没有检查寝室里是否还有人，就开了消毒灯。

19. 电源插头太低，电线老化。一般幼儿园的电源插头都会设在一米五以上的高度。

20. 蚊蝇药、消毒液没存放好，可能被幼儿拿来玩。

除了上面提到的，还有很多细节需要注意。所以在日常生活中，不管是幼儿园的教养员还是家长们，都应该时刻注意幼儿身边可能会发生的事故。除了要避免让幼儿受到意外伤害外，还应教会幼儿自我保护。自我保护能力是一个人在社会中保存个体生命的最基本能力之一。为了保证幼儿的身心健康和安全，使幼儿顺利成长，应该加强对他们的自我保护教育，培养和提高幼儿的自我保护能力。这也需要家长的积极配合。

## 二、防范与对等

### (一)对幼儿进行安全意识教育

幼儿往往不知道什么事情能做、什么事情不能做；什么地方能去、什么地方不能去；什么东西能玩、什么东西不能玩。他们有时偏偏喜欢做一些危险的尝试。有的家长给幼儿订下了清规戒律，不许做这做那，但不给幼儿做进一步的解释，幼儿不知道不许做的理由，更没有意识到这样做的危险性，他们出于好奇或逆反心理，会继续做一些危险尝试。所以，家长若要真正说服幼儿，就应该常向幼儿进行安全意识教育。通过看电视、听故事以及让幼儿亲眼所见由于不注意安全而导致灾难的事例，丰富幼儿的社会经验，进而向他们提出一些安全规则，并讲清原因。例如：要求幼儿遵守交通规则，不乱闯红灯；父母不在家时不轻易开门让陌生人进门；不带小刀等危险物品上幼儿园……通过这些教育使幼儿明白做危险事情的后果，理解家长的限制是对自己的爱护，同时无形中也增强了幼儿的自我防范意识。

### (二)培养幼儿的生活自理能力

现在的幼儿大多都是独生子女，娇生惯养，家长应注意让幼儿独立面对困难，培养他们的独立自主性，养成良好的生活自理习惯，不要事无巨细，处处为他们扫除障碍，使幼儿养成依赖心理。例如：可以让幼儿学习穿衣服、系鞋带、叠被子；吃饭时自己剔骨头。家长还应多创设机会，不断提高他们独立解决问题的能力。例如：幼儿拿不到玩具时，家长不要急于帮他把玩具拿到手，而应引导幼儿先自己想办法拿；若经过努力还拿不到时，再礼貌地请别人帮忙，逐渐使幼儿在劳动实践中建立良好的生活自理习惯，提高生活自理能力。

### (三)培养幼儿健康的体魄

现代人由于生活方式和居住环境的改变，"高楼综合征"普遍存在，很多家长不愿意带幼儿到户外去活动，永远都待在小小的套房里，幼儿缺少了锻炼的机会。我们时常见到这样一种情况：关在套房里的一些体弱、内向的幼儿活动时常会被碰撞；而平时比较好动、顽皮、身体健壮的幼儿却不会出现这种情况。究其原因，体弱的幼儿因为平时缺乏活动，所以遇到危险时反应慢，灵活性差，动作不协调，容易受到伤害；而那些顽皮、健壮的孩子因为有了很好的锻炼所以动作灵活，遇到危险时反应快，能采取自救方法，因而受伤害就小。可见，增强幼儿的体能是提高幼儿自护能力的重要途径。平时，家长应多带领幼儿到户外进行体育锻炼，以增强幼儿的体质。时间和空间也应该合理安排、动静交替协调搭配体育活动，以增强孩子的身体素质，发展他们灵敏、协调的动作，从而有效地避免意外伤害。

　　(四)培养幼儿灵活机智的应变能力

　　要保证幼儿的健康和安全，培养幼儿的应变能力也是日常生活中一项重要的教育内容。这些应变能力具体表现在：一是适应周围环境变化的能力，如知道随季节和温度的变化增减衣服；二是对突如其来事件的灵活处理，幼儿有时候知道要注意安全，但不一定有能力去处理一些较危险的情况，这就需要成人平时有意识地训练幼儿的自救技能。如玩耍时不小心擦破皮应马上请求他人帮助；在商店和父母走散了，可找商店的叔叔、阿姨或警察帮忙等。总之，家长应人为地创设一些问题情境，引导幼儿想出各种自救方法使幼儿掌握一些基本的应变能力。

# 附　录

# 幼儿园教师专业标准(试行)

为促进幼儿园教师专业发展，建设高素质幼儿园教师队伍，根据《中华人民共和国教师法》，特制定《幼儿园教师专业标准(试行)》(以下简称《专业标准》)。

幼儿园教师是履行幼儿园教育教学工作职责的专业人员，需要经过严格的培养与培训，具有良好的职业道德，掌握系统的专业知识和专业技能。《专业标准》是国家对合格幼儿园教师专业素质的基本要求，是幼儿园教师实施保教行为的基本规范，是引领幼儿园教师专业发展的基本准则，是幼儿园教师培养、准入、培训、考核等工作的重要依据。

## 一、 基本理念

### (一)师德为先

热爱学前教育事业，具有职业理想，践行社会主义核心价值体系，履行教师职业道德规范。关爱幼儿，尊重幼儿人格，富有爱心、责任心、耐心和细心；为人师表，教书育人，自尊自律，做幼儿健康成长的启蒙者和引路人。

### （二）幼儿为本

尊重幼儿权益，以幼儿为主体，充分调动和发挥幼儿的主动性；遵循幼儿身心发展特点和保教活动规律，提供适合的教育，保障幼儿快乐健康成长。

### （三）能力为重

把学前教育理论与保教实践相结合，突出保教实践能力；研究幼儿，遵循幼儿成长规律，提升保教工作专业化水平；坚持实践、反思、再实践、再反思，不断提高专业能力。

### （四）终身学习

学习先进学前教育理论，了解国内外学前教育改革与发展的经验和做法；优化知识结构，提高文化素养；具有终身学习与持续发展的意识和能力，做终身学习的典范。

## 二、　基本内容

| 维度 | 领域 | 基本要求 |
|------|------|----------|
| 专业理念与师德 | （一）职业理解与认识 | 1. 贯彻党和国家教育方针政策，遵守教育法律法规。<br>2. 理解幼儿保教工作的意义，热爱学前教育事业，具有职业理想和敬业精神。<br>3. 认同幼儿园教师的专业性和独特性，注重自身专业发展。<br>4. 具有良好职业道德修养，为人师表。<br>5. 具有团队合作精神，积极开展协作与交流。 |
| | （二）对幼儿的态度与行为 | 6. 关爱幼儿，重视幼儿身心健康，将保护幼儿生命安全放在首位。<br>7. 尊重幼儿人格，维护幼儿合法权益，平等对待每一位幼儿。不讽刺、挖苦、歧视幼儿，不体罚或变相体罚幼儿。<br>8. 信任幼儿，尊重个体差异，主动了解和满足有益于幼儿身心发展的不同需求。<br>9. 重视生活对幼儿健康成长的重要价值，积极创造条件，让幼儿拥有快乐的幼儿园生活。 |

续表

| 维度 | 领域 | 基本要求 |
|------|------|----------|
| 专业理念<br>与师德 | （三）幼儿保育和教育的态度与行为 | 10. 注重保教结合，培育幼儿良好的意志品质，帮助幼儿养成良好的行为习惯。<br>11. 注重保护幼儿的好奇心，培养幼儿的想象力，发掘幼儿的兴趣爱好。<br>12. 重视环境和游戏对幼儿发展的独特作用，创设富有教育意义的环境氛围，将游戏作为幼儿的主要活动。<br>13. 重视丰富幼儿多方面的直接经验，将探索、交往等实践活动作为幼儿最重要的学习方式。<br>14. 重视自身日常态度言行对幼儿发展的重要影响与作用。<br>15. 重视幼儿园、家庭和社区的合作，综合利用各种资源。 |
| | （四）个人修养与行为 | 16. 富有爱心、责任心、耐心和细心。<br>17. 乐观向上、热情开朗，有亲和力。<br>18. 善于自我调节情绪，保持平和心态。<br>19. 勤于学习，不断进取。<br>20. 衣着整洁得体，语言规范健康，举止文明礼貌。 |
| 专业知识 | （五）幼儿发展知识 | 21. 了解关于幼儿生存、发展和保护的有关法律法规及政策规定。<br>22. 掌握不同年龄幼儿身心发展特点、规律和促进幼儿全面发展的策略与方法。<br>23. 了解幼儿在发展水平、速度与优势领域等方面的个体差异，掌握对应的策略与方法。<br>24. 了解幼儿发展中容易出现的问题与适宜的对策。<br>25. 了解有特殊需要幼儿的身心发展特点及教育策略与方法。 |

| 维度 | 领域 | 基本要求 |
|---|---|---|
| 专业知识 | (六)幼儿保育和教育知识 | 26. 熟悉幼儿园教育的目标、任务、内容、要求和基本原则。<br>27. 掌握幼儿园各领域教育的学科特点与基本知识。<br>28. 掌握幼儿园环境创设、一日生活安排、游戏与教育活动、保育和班级管理的知识与方法。<br>29. 熟知幼儿园的安全应急预案，掌握意外事故和危险情况下幼儿安全防护与救助的基本方法。<br>30. 掌握观察、谈话、记录等了解幼儿的基本方法。<br>31. 了解0~3岁婴幼儿保教和幼小衔接的有关知识与基本方法。 |
| | (七)通识性知识 | 32. 具有一定的自然科学和人文社会科学知识。<br>33. 了解中国教育基本情况。<br>34. 具有相应的艺术欣赏与表现知识。<br>35. 具有一定的现代信息技术知识。 |
| 专业能力 | (八)环境的创设与利用 | 36. 建立良好的师幼关系，帮助幼儿建立良好的同伴关系，让幼儿感到温暖和愉悦。<br>37. 建立班级秩序与规则，营造良好的班级氛围，让幼儿感受到安全、舒适。<br>38. 创设有助于促进幼儿成长、学习、游戏的教育环境。<br>39. 合理利用资源，为幼儿提供和制作适合的玩教具和学习材料，引发和支持幼儿的主动活动。 |
| | (九)一日生活的组织与保育 | 40. 合理安排和组织一日生活的各个环节，将教育灵活地渗透到一日生活中。<br>41. 科学照料幼儿日常生活，指导和协助保育员做好班级常规保育和卫生工作。<br>42. 充分利用各种教育契机，对幼儿进行随机教育。<br>43. 有效保护幼儿，及时处理幼儿的常见事故，危险情况优先救护幼儿。 |

续表

| 维度 | 领域 | 基本要求 |
|---|---|---|
| 专业能力 | （十）游戏活动的支持与引导 | 44. 提供符合幼儿兴趣需要、年龄特点和发展目标的游戏条件。<br>45. 充分利用与合理设计游戏活动空间，提供丰富、适宜的游戏材料，支持、引发和促进幼儿的游戏。<br>46. 鼓励幼儿自主选择游戏内容、伙伴和材料，支持幼儿主动地、创造性地开展游戏，充分体验游戏的快乐和满足。<br>47. 引导幼儿在游戏活动中获得身体、认知、语言和社会性等多方面的发展。 |
| | （十一）教育活动的计划与实施 | 48. 制定阶段性的教育活动计划和具体活动方案。<br>49. 在教育活动中观察幼儿，根据幼儿的表现和需要，调整活动，给予适宜的指导。<br>50. 在教育活动的设计和实施中体现趣味性、综合性和生活化，灵活运用各种组织形式和适宜的教育方式。<br>51. 提供更多的操作探索、交流合作、表达表现的机会，支持和促进幼儿主动学习。 |
| | （十二）激励与评价 | 52. 关注幼儿日常表现，及时发现和赏识每个幼儿的点滴进步，注重激发和保护幼儿的积极性、自信心。<br>53. 有效运用观察、谈话、家园联系、作品分析等多种方法，客观地、全面地了解和评价幼儿。<br>54. 有效运用评价结果，指导下一步教育活动的开展。 |
| | （十三）沟通与合作 | 55. 使用符合幼儿年龄特点的语言进行保教工作。<br>56. 善于倾听，和蔼可亲，与幼儿进行有效沟通。<br>57. 与同事合作交流，分享经验和资源，共同发展。<br>58. 与家长进行有效沟通合作，共同促进幼儿发展。<br>59. 协助幼儿园与社区建立合作互助的良好关系。 |
| | （十四）反思与发展 | 60. 主动收集分析相关信息，不断进行反思，改进保教工作。<br>61. 针对保教工作中的现实需要与问题，进行探索和研究。<br>62. 制定专业发展规划，积极参加专业培训，不断提高自身专业素质。 |

## 三、　实施建议

（一）各级教育行政部门要将《专业标准》作为幼儿园教师队伍建设的基本依据。根据学前教育改革发展的需要，充分发挥《专业标准》引领和导向作用，深化教师教育改革，建立教师教育质量保障体系，不断提高幼儿园教师培养培训质量。制定幼儿园教师准入标准，严把幼儿园教师入口关；制定幼儿园教师聘任（聘用）、考核、退出等管理制度，保障教师合法权益，形成科学有效的幼儿园教师队伍管理和督导机制。

（二）开展幼儿园教师教育的院校要将《专业标准》作为幼儿园教师培养培训的主要依据。重视幼儿园教师职业特点，加强学前教育学科和专业建设。完善幼儿园教师培养培训方案，科学设置教师教育课程，改革教育教学方式；重视幼儿园教师职业道德教育，重视社会实践和教育实习；加强从事幼儿园教师教育的师资队伍建设，建立科学的质量评价制度。

（三）幼儿园要将《专业标准》作为教师管理的重要依据。制定幼儿园教师专业发展规划，注重教师职业理想与职业道德教育，增强教师育人的责任感与使命感；开展园本研修，促进教师专业发展；完善教师岗位职责和考核评价制度，健全幼儿园教师绩效管理机制。

（四）幼儿园教师要将《专业标准》作为自身专业发展的基本依据。制定自我专业发展规划，爱岗敬业，增强专业发展自觉性；大胆开展保教实践，不断创新；积极进行自我评价，主动参加教师培训和自主研修，逐步提升专业发展水平。

# 3—6 岁儿童学习与发展指南

## 说 明

一、为深入贯彻《国家中长期教育改革和发展规划纲要(2010—2020 年)》和《国务院关于当前发展学前教育的若干意见》(国发〔2010〕41 号),指导幼儿园和家庭实施科学的保育和教育,促进幼儿身心全面和谐发展,制定《3—6 岁儿童学习与发展指南》(以下简称《指南》)。

二、《指南》以为幼儿后继学习和终身发展奠定良好素质基础为目标,以促进幼儿体、智、德、美各方面的协调发展为核心,通过提出 3～6 岁各年龄段儿童学习与发展目标和相应的教育建议,帮助幼儿园教师和家长了解 3～6 岁幼儿学习与发展的基本规律和特点,建立对幼儿发展的合理期望,实施科学的保育和教育,让幼儿度过快乐而有意义的童年。

三、《指南》从健康、语言、社会、科学、艺术五个领域描述幼儿的学习与发展。每个领域按照幼儿学习与发展最基本、最重要的内容划分为若干方面。每个方面由学习与发展目标和教育建议两部分组成。

目标部分分别对 3～4 岁、4～5 岁、5～6 岁三个年龄段末期幼儿应该知道什么、能做什么,大致可以达到什么发展水平提出了合理期望,指明了幼儿学习与发展的具体方向;教育建议部分列举了一些能够有效帮助和促进幼儿学习与发展的教育途径与方法。

四、实施《指南》应把握以下几个方面：

1. 关注幼儿学习与发展的整体性。儿童的发展是一个整体，要注重领域之间、目标之间的相互渗透和整合，促进幼儿身心全面协调发展，而不应片面追求某一方面或几方面的发展。

2. 尊重幼儿发展的个体差异。幼儿的发展是一个持续、渐进的过程，同时也表现出一定的阶段性特征。每个幼儿在沿着相似进程发展的过程中，各自的发展速度和到达某一水平的时间不完全相同。要充分理解和尊重幼儿发展进程中的个别差异，支持和引导他们从原有水平向更高水平发展，按照自身的速度和方式到达《指南》所呈现的发展"阶梯"，切忌用一把"尺子"衡量所有幼儿。

3. 理解幼儿的学习方式和特点。幼儿的学习是以直接经验为基础，在游戏和日常生活中进行的。要珍视游戏和生活的独特价值，创设丰富的教育环境，合理安排一日生活，最大限度地支持和满足幼儿通过直接感知、实际操作和亲身体验获取经验的需要，严禁"拔苗助长"式的超前教育和强化训练。

4. 重视幼儿的学习品质。幼儿在活动过程中表现出的积极态度和良好行为倾向是终身学习与发展所必需的宝贵品质。要充分尊重和保护幼儿的好奇心和学习兴趣，帮助幼儿逐步养成积极主动、认真专注、不怕困难、敢于探究和尝试、乐于想象和创造等良好学习品质。忽视幼儿学习品质培养，单纯追求知识技能学习的做法是短视而有害的。

# 一、　健康

健康是指人在身体、心理和社会适应方面的良好状态。幼儿阶段是儿童身体发育和机能发展极为迅速的时期，也是形成安全感和乐观态度的重要阶段。发育良好的身体、愉快的情绪、强健的体质、协调的动作、良好的生活习惯和基本生活能力是幼儿身心健康的重要标志，也是其他领域学习与发展的基础。

为有效促进幼儿身心健康发展，成人应为幼儿提供合理均衡的营养，保证充足的睡眠和适宜的锻炼，满足幼儿生长发育的需要；创设温馨的人际环境，让幼儿充分感受到亲情和关爱，形成积极稳定的情绪情感；帮助幼儿养成良好的生活与卫生习惯，提高自我保护能力，形成使其终身受益的生活能力和文明生活方式。

幼儿身心发育尚未成熟，需要成人的精心呵护和照顾，但不宜过度保护和包办代替，以免剥夺幼儿自主学习的机会，养成过于依赖的不良习惯，影响其主动

性、独立性的发展。

## (一)身心状况
### 目标1 具有健康的体态

| 3～4 岁 | 4～5 岁 | 5～6 岁 |
|---|---|---|
| 1. 身高和体重适宜。<br>参考标准：<br>男孩：<br>身高：94.9—111.7 厘米<br>体重：12.7—21.2 公斤<br>女孩：<br>身高：94.1—111.3 厘米<br>体重：12.3—21.5 公斤<br>2. 在提醒下能自然坐直、站直。 | 1. 身高和体重适宜。<br>参考标准：<br>男孩：<br>身高：100.7—119.2 厘米<br>体重：14.1—24.2 公斤<br>女孩：<br>身高：99.9—118.9 厘米<br>体重：13.7—24.9 公斤<br>2. 在提醒下能保持正确的站、坐和行走姿势。 | 1. 身高和体重适宜。<br>参考标准：<br>男孩：<br>身高：106.1—125.8 厘米<br>体重：15.9—27.1 公斤<br>女孩：<br>身高：104.9—125.4 厘米<br>体重：15.3—27.8 公斤<br>2. 经常保持正确的站、坐和行走姿势。 |

注：身高和体重数据来源：《2006 年世界卫生组织儿童生长标准》4、5、6 周岁儿童身高和体重的参考数据。

**教育建议：**

1. 为幼儿提供营养丰富、健康的饮食。如：

● 参照《中国孕期、哺乳期妇女和 0～6 岁儿童膳食指南》，为幼儿提供谷物、蔬菜、水果、肉、奶、蛋、豆制品等多样化的食物，均衡搭配。

● 烹调方式要科学，尽量少煎炸、烧烤、腌制。

2. 保证幼儿每天睡 11～12 小时，其中午睡一般应达到 2 小时左右。午睡时间可根据幼儿的年龄、季节的变化和个体差异适当减少。

3. 注意幼儿的体态，帮助他们形成正确的姿势。如：

● 提醒幼儿要保持正确的站、坐、走姿势；发现有八字脚、罗圈腿、驼背等骨骼发育异常的情况，应及时就医矫治。

● 桌、椅和床要合适。椅子的高度以幼儿写画时双脚能自然着地、大腿基本保持水平状为宜；桌子的高度以写画时身体能坐直，不驼背、不耸肩为宜；床不宜过软。

4. 每年为幼儿进行健康检查。

### 目标 2　情绪安定愉快

| 3～4 岁 | 4～5 岁 | 5～6 岁 |
| --- | --- | --- |
| 1. 情绪比较稳定，很少因一点小事哭闹不止。<br>2. 有比较强烈的情绪反应时，能在成人的安抚下逐渐平静下来。 | 1. 经常保持愉快的情绪，不高兴时能较快缓解。<br>2. 有比较强烈情绪反应时，能在成人提醒下逐渐平静下来。<br>3. 愿意把自己的情绪告诉亲近的人，一起分享快乐或求得安慰。 | 1. 经常保持愉快的情绪。知道引起自己某种情绪的原因，并努力缓解。<br>2. 表达情绪的方式比较适度，不乱发脾气。<br>3. 能随着活动的需要转换情绪和注意。 |

**教育建议：**

1. 营造温暖、轻松的心理环境，让幼儿形成安全感和信赖感。如：

● 保持良好的情绪状态，以积极、愉快的情绪影响幼儿。

● 以欣赏的态度对待幼儿。注意发现幼儿的优点，接纳他们的个体差异，不简单与同伴做横向比较。

● 幼儿做错事时要冷静处理，不厉声斥责，更不能打骂。

2. 帮助幼儿学会恰当表达和调控情绪。如：

● 成人用恰当的方式表达情绪，为幼儿做出榜样。如生气时不乱发脾气，不迁怒于人。

● 成人和幼儿一起谈论自己高兴或生气的事，鼓励幼儿与人分享自己的情绪。

● 允许幼儿表达自己的情绪，并给予适当的引导。如幼儿发脾气时不硬性压制，等其平静后告诉他什么行为是可以接受的。

● 发现幼儿不高兴时，主动询问情况，帮助他们化解消极情绪。

**目标 3　具有一定的适应能力**

| 3～4 岁 | 4～5 岁 | 5～6 岁 |
| --- | --- | --- |
| 1. 能在较热或较冷的户外环境中活动。<br>2. 换新环境时情绪能较快稳定，睡眠、饮食基本正常。<br>3. 在帮助下能较快适应集体生活。 | 1. 能在较热或较冷的户外环境中连续活动半小时左右。<br>2. 换新环境时较少出现身体不适。<br>3. 能较快适应人际环境中发生的变化。如换了新老师能较快适应。 | 1. 能在较热或较冷的户外环境中连续活动半小时以上。<br>2. 天气变化时较少感冒，能适应车、船等交通工具造成的轻微颠簸。<br>3. 能较快融入新的人际关系环境。如换了新的幼儿园或班级能较快适应。 |

**教育建议：**

1. 保证幼儿的户外活动时间，提高幼儿适应季节变化的能力。

● 幼儿每天的户外活动时间一般不少于两小时，其中体育活动时间不少于 1 小时，季节交替时要坚持。

● 气温过热或过冷的季节或地区应因地制宜，选择温度适当的时间段开展户外活动，也可根据气温的变化和幼儿的个体差异，适当减少活动的时间。

2. 经常与幼儿玩拉手转圈、秋千、转椅等游戏活动，让幼儿适应轻微的摆动、颠簸、旋转，促进其平衡机能的发展。

3. 锻炼幼儿适应生活环境变化的能力。如：

● 注意观察幼儿在新环境中的饮食、睡眠、游戏等方面的情况，采取相应的措施帮助他们尽快适应新环境。

● 经常带幼儿接触不同的人际环境，如参加亲戚朋友聚会，多和不熟悉的小朋友玩，使幼儿较快适应新的人际关系。

## （二）动作发展

### 目标 1　具有一定的平衡能力，动作协调、灵敏

| 3～4 岁 | 4～5 岁 | 5～6 岁 |
|---|---|---|
| 1. 能沿地面直线或在较窄的低矮物体上走一段距离。<br>2. 能双脚灵活交替上下楼梯。<br>3. 能身体平稳地双脚连续向前跳。<br>4. 分散跑时能躲避他人的碰撞。<br>5. 能双手向上抛球。 | 1. 能在较窄的低矮物体上平稳地走一段距离。<br>2. 能以匍匐、膝盖悬空等多种方式钻爬。<br>3. 能助跑跨跳过一定距离，或助跑跨跳过一定高度的物体。<br>4. 能与他人玩追逐、躲闪跑的游戏。<br>5. 能连续自抛自接球。 | 1. 能在斜坡、荡桥和有一定间隔的物体上较平稳地行走。<br>2. 能以手脚并用的方式安全地爬攀登架、网等。<br>3. 能连续跳绳。<br>4. 能躲避他人滚过来的球或扔过来的沙包。<br>5. 能连续拍球。 |

### 教育建议：

1. 利用多种活动发展身体平衡和协调能力。如：

● 走平衡木，或沿着地面直线、田埂行走。

● 玩跳房子、踢毽子、蒙眼走路、踩小高跷等游戏活动。

2. 发展幼儿动作的协调性和灵活性。如：

● 鼓励幼儿进行跑跳、钻爬、攀登、投掷、拍球等活动。

● 玩跳竹竿、滚铁环等传统体育游戏。

3. 对于拍球、跳绳等技能性活动，不要过于要求数量，更不能机械训练。

4. 结合活动内容对幼儿进行安全教育，注重在活动中培养幼儿的自我保护能力。

## 目标2 具有一定的力量和耐力

| 3～4 岁 | 4～5 岁 | 5～6 岁 |
|---|---|---|
| 1. 能双手抓杠悬空吊起 10 秒左右。 | 1. 能双手抓杠悬空吊起 15 秒左右。 | 1. 能双手抓杠悬空吊起 20 秒左右。 |
| 2. 能单手将沙包向前投掷 2 米左右。 | 2. 能单手将沙包向前投掷 4 米左右。 | 2. 能单手将沙包向前投掷 5 米左右。 |
| 3. 能单脚连续向前跳 2 米左右。 | 3. 能单脚连续向前跳 5 米左右。 | 3. 能单脚连续向前跳 8 米左右。 |
| 4. 能快跑 15 米左右。 | 4. 能快跑 20 米左右。 | 4. 能快跑 25 米左右。 |
| 5. 能行走 1 公里左右（途中可适当停歇）。 | 5. 能连续行走 1.5 公里左右（途中可适当停歇）。 | 5. 能连续行走 1.5 公里以上（途中可适当停歇）。 |

**教育建议：**

1. 开展丰富多样、适合幼儿年龄特点的各种身体活动，如走、跑、跳、攀、爬等，鼓励幼儿坚持下来，不怕累。

2. 日常生活中鼓励幼儿多走路、少坐车；自己上下楼梯、自己背包。

## 目标3 手的动作灵活协调

| 3～4 岁 | 4～5 岁 | 5～6 岁 |
|---|---|---|
| 1. 能用笔涂涂画画。<br>2. 能熟练地用勺子吃饭。<br>3. 能用剪刀沿直线剪，边线基本吻合。 | 1. 能沿边线较直地画出简单图形，或能边线基本对齐地折纸。<br>2. 会用筷子吃饭。<br>3. 能沿轮廓线剪出由直线构成的简单图形，边线吻合。 | 1. 能根据需要画出图形，线条基本平滑。<br>2. 能熟练使用筷子。<br>3. 能沿轮廓线剪出由曲线构成的简单图形，边线吻合且平滑。<br>4. 能使用简单的劳动工具或用具。 |

**教育建议：**

1. 创造条件和机会，促进幼儿手的动作灵活协调。如：

● 提供画笔、剪刀、纸张、泥团等工具和材料，或充分利用各种自然、废旧材料和常见物品，让幼儿进行画、剪、折、粘等美工活动。

● 引导幼儿生活自理或参与家务劳动，发展其手的动作。如练习自己用筷子吃饭、扣扣子，帮助家人择菜叶、做面食等。

● 幼儿园在布置娃娃家、商店等活动区时，多提供原材料和半成品，让幼儿有更多机会参与制作活动。

2. 引导幼儿注意活动安全。如：

● 为幼儿提供的塑料粒、珠子等活动材料要足够大，材质要安全，以免造成异物进入气管、铅中毒等伤害。提供幼儿用安全剪刀。

● 为幼儿示范拿筷子、握笔的正确姿势，以及使用剪刀、锤子等工具的方法。

● 提醒幼儿不要拿剪刀等锋利工具玩耍，用完后要放回原处。

## （三）生活习惯与生活能力

### 目标 1　具有良好的生活与卫生习惯

| 3～4 岁 | 4～5 岁 | 5～6 岁 |
| --- | --- | --- |
| 1. 在提醒下，按时睡觉和起床，并能坚持午睡。 | 1. 每天按时睡觉和起床，并能坚持午睡。 | 1. 养成每天按时睡觉和起床的习惯。 |
| 2. 喜欢参加体育活动。 | 2. 喜欢参加体育活动。 | 2. 能主动参加体育活动。 |
| 3. 在引导下，不偏食、不挑食。喜欢吃瓜果、蔬菜等新鲜食品。 | 3. 不偏食、不挑食，不暴饮暴食。喜欢吃瓜果、蔬菜等新鲜食品。 | 3. 吃东西时细嚼慢咽。 |
| 4. 愿意饮用白开水，不贪喝饮料。 | 4. 常喝白开水，不贪喝饮料。 | 4. 主动饮用白开水，不贪喝饮料。 |
| 5. 不用脏手揉眼睛，连续看电视等不超过 15 分钟。 | 5. 知道保护眼睛，不在光线过强或过暗的地方看书，连续看电视等不超过 20 分钟。 | 5. 主动保护眼睛。不在光线过强或过暗的地方看书，连续看电视等不超过 30 分钟。 |
| 6. 在提醒下，每天早晚刷牙、饭前便后洗手。 | 6. 每天早晚刷牙、饭前便后洗手，方法基本正确。 | 6. 每天早晚主动刷牙，饭前便后主动洗手，方法正确。 |

**教育建议：**

1. 让幼儿保持有规律的生活，养成良好的作息习惯。如：早睡早起、每天午睡、按时进餐、吃好早餐等。

2. 帮助幼儿养成良好的饮食习惯。如：

● 合理安排餐点，帮助幼儿养成定点、定时、定量进餐的习惯。

● 帮助幼儿了解食物的营养价值，引导他们不偏食不挑食、少吃或不吃不利于健康的食品；多喝白开水，少喝饮料。

● 吃饭时不过分催促，提醒幼儿细嚼慢咽，不要边吃边玩。

3. 帮助幼儿养成良好的个人卫生习惯。如：

● 早晚刷牙、饭后漱口。

● 勤为幼儿洗澡、换衣服、剪指甲。

● 提醒幼儿保护五官，如不乱挖耳朵、鼻孔，看电视时保持 3 米左右的距离等。

4. 激发幼儿参加体育活动的兴趣，养成锻炼的习惯。如：

● 为幼儿准备多种体育活动材料，鼓励他选择自己喜欢的材料开展活动。

● 经常和幼儿一起在户外运动和游戏，鼓励幼儿和同伴一起开展体育活动。

● 和幼儿一起观看体育比赛或有关体育赛事的电视节目，培养他对体育活动的兴趣。

**目标 2　具有基本的生活自理能力**

| 3～4 岁 | 4～5 岁 | 5～6 岁 |
| --- | --- | --- |
| 1. 在帮助下能穿脱衣服或鞋袜。<br>2. 能将玩具和图书放回原处。 | 1. 能自己穿脱衣服、鞋袜、扣纽扣。<br>2. 能整理自己的物品。 | 1. 能知道根据冷热增减衣服。<br>2. 会自己系鞋带。<br>3. 能按类别整理好自己的物品。 |

**教育建议：**

1. 鼓励幼儿做力所能及的事情，对幼儿的尝试与努力给予肯定，不因做不好或做得慢而包办代替。

2. 指导幼儿学习和掌握生活自理的基本方法，如穿脱衣服和鞋袜、洗手洗脸、擦鼻涕、擦屁股的正确方法。

3. 提供有利于幼儿生活自理的条件。如：

● 提供一些纸箱、盒子，供幼儿收拾和存放自己的玩具、图书或生活用品等。

● 幼儿的衣服、鞋子等要简单实用，便于自己穿脱。

**目标 3　具备基本的安全知识和自我保护能力**

| 3～4 岁 | 4～5 岁 | 5～6 岁 |
| --- | --- | --- |
| 1. 不吃陌生人给的东西，不跟陌生人走。<br>2. 在提醒下能注意安全，不做危险的事。<br>3. 在公共场所走失时，能向警察或有关人员说出自己和家长的名字、电话号码等简单信息。 | 1. 知道在公共场合不远离成人的视线单独活动。<br>2. 认识常见的安全标志，能遵守安全规则。<br>3. 运动时能主动躲避危险。<br>4. 知道简单的求助方式。 | 1. 未经大人允许不给陌生人开门。<br>2. 能自觉遵守基本的安全规则和交通规则。<br>3. 运动时能注意安全，不给他人造成危险。<br>4. 知道一些基本的防灾知识。 |

**教育建议：**

1. 创设安全的生活环境，提供必要的保护措施。如：

● 要把热水瓶、药品、火柴、刀具等物品放到幼儿够不到的地方；阳台或窗台要有安全保护措施；要使用安全的电源插座等。

● 在公共场所要注意照看好幼儿；幼儿乘车、乘电梯时要有成人陪伴；不把幼儿单独留在家里或汽车里等。

2. 结合生活实际对幼儿进行安全教育。如：

● 外出时，提醒幼儿要紧跟成人，不远离成人的视线，不跟陌生人走，不吃陌生人给的东西；不在河边和马路边玩耍；要遵守交通规则等。

● 帮助幼儿了解周围环境中不安全的事物，不做危险的事。如不动热水壶，不玩火柴或打火机，不摸电源插座，不攀爬窗户或阳台等。

● 帮助幼儿认识常见的安全标识，如：小心触电、小心有毒、禁止下河游泳、紧急出口等。

● 告诉幼儿不允许别人触摸自己的隐私部位。

3. 教给幼儿简单的自救和求救的方法。如：

● 记住自己家庭的住址、电话号码、父母的姓名和单位，一旦走失时知道向成人求助，并能提供必要信息。

● 遇到火灾或其他紧急情况时，知道要拨打 110、120、119 等求救电话。

● 可利用图书、音像等材料对幼儿进行逃生和求救方面的教育，并运用游戏方式模拟练习。

● 幼儿园应定期进行火灾、地震等自然灾害的逃生演习。

## 二、 语言

语言是交流和思维的工具。幼儿期是语言发展，特别是口语发展的重要时期。幼儿语言的发展贯穿于各个领域，也对其他领域的学习与发展有着重要的影响：幼儿在运用语言进行交流的同时，也在发展着人际交往能力、理解他人和判断交往情境的能力、组织自己思想的能力。通过语言获取信息，幼儿的学习逐步超越个体的直接感知。

幼儿的语言能力是在交流和运用的过程中发展起来的。应为幼儿创设自由、宽松的语言交往环境，鼓励和支持幼儿与成人、同伴交流，让幼儿想说、敢说、喜欢说并能得到积极回应。为幼儿提供丰富、适宜的低幼读物，经常和幼儿一起

看图书、讲故事，丰富其语言表达能力，培养阅读兴趣和良好的阅读习惯，进一步拓展学习经验。

幼儿的语言学习需要相应的社会经验支持，应通过多种活动扩展幼儿的生活经验，丰富语言的内容，增强理解和表达能力。应在生活情境和阅读活动中引导幼儿自然而然地产生对文字的兴趣，用机械记忆和强化训练的方式让幼儿过早识字不符合其学习特点和接受能力。

## （一）倾听与表达

### 目标1　认真听并能听懂常用语言

| 3～4岁 | 4～5岁 | 5～6岁 |
|---|---|---|
| 1. 别人对自己说话时能注意听并做出回应。<br>2. 能听懂日常会话。 | 1. 在群体中能有意识地听与自己有关的信息。<br>2. 能结合情境感受到不同语气、语调所表达的不同意思。<br>3. 方言地区和少数民族幼儿能基本听懂普通话。 | 1. 在集体中能注意听老师或其他人讲话。<br>2. 听不懂或有疑问时能主动提问。<br>3. 能结合情境理解一些表示因果、假设等相对复杂的句子。 |

**教育建议：**

1. 多给幼儿提供倾听和交谈的机会。如：经常和幼儿一起谈论他感兴趣的话题，或一起看图书、讲故事。

2. 引导幼儿学会认真倾听。如：

● 成人要耐心倾听别人（包括幼儿）的讲话，等别人讲完再表达自己的观点。

● 与幼儿交谈时，要用幼儿能听得懂的语言。

● 对幼儿提要求和布置任务时要求他注意听，鼓励他主动提问。

3. 对幼儿讲话时，注意结合情境使用丰富的语言，以便于幼儿理解。如：

● 说话时注意语气、语调，让幼儿感受语气、语调的作用。如对幼儿的不合理要求以比较坚定的语气表示不同意；讲故事时，尽量把故事人物高兴、悲伤的心情用不同的语气、语调表现出来。

● 根据幼儿的理解水平有意识地使用一些反映因果、假设、条件等关系的句子。

**目标 2　愿意讲话并能清楚地表达**

| 3~4 岁 | 4~5 岁 | 5~6 岁 |
|---|---|---|
| 1. 愿意在熟悉的人面前说话，能大方地与人打招呼。<br>2. 基本会说本民族或本地区的语言。<br>3. 愿意表达自己的需要和想法，必要时能配以手势动作。<br>4. 能口齿清楚地说儿歌、童谣或复述简短的故事。 | 1. 愿意与他人交谈，喜欢谈论自己感兴趣的话题。<br>2. 会说本民族或本地区的语言，基本会说普通话。少数民族聚居地区幼儿会用普通话进行日常会话。<br>3. 能基本完整地讲述自己的所见所闻和经历的事情。<br>4. 讲述比较连贯。 | 1. 愿意与他人讨论问题，敢在众人面前说话。<br>2. 会说本民族或本地区的语言和普通话，发音正确清晰。少数民族聚居地区幼儿基本会说普通话。<br>3. 能有序、连贯、清楚地讲述一件事情。<br>4. 讲述时能使用常见的形容词、同义词等，语言比较生动。 |

**教育建议：**

1. 为幼儿创造说话的机会并体验语言交往的乐趣。

● 每天有足够的时间与幼儿交谈。如谈论他感兴趣的话题，询问和听取他对自己事情的意见等。

● 尊重和接纳幼儿的说话方式，无论幼儿的表达水平如何，都应认真地倾听并给予积极的回应。

● 鼓励和支持幼儿与同伴一起玩耍、交谈，相互讲述见闻、趣事或看过的图书、动画片等。

● 方言和少数民族地区应积极为幼儿创设用普通话交流的语言环境。

2. 引导幼儿清楚地表达。如：

● 和幼儿讲话时，成人自身的语言要清楚、简洁。

● 当幼儿因为急于表达而说不清楚的时候，提醒他不要着急，慢慢说；同时要耐心倾听，给予必要的补充，帮助他理清思路并清晰地说出来。

## 目标3 具有文明的语言习惯

| 3～4岁 | 4～5岁 | 5～6岁 |
|---|---|---|
| 1. 与别人讲话时知道眼睛要看着对方。<br>2. 说话自然，声音大小适中。<br>3. 能在成人的提醒下使用恰当的礼貌用语。 | 1. 别人对自己讲话时能回应。<br>2. 能根据场合调节自己说话声音的大小。<br>3. 能主动使用礼貌用语，不说脏话、粗话。 | 1. 别人讲话时能积极主动地回应。<br>2. 能根据谈话对象和需要，调整说话的语气。<br>3. 懂得按次序轮流讲话，不随意打断别人。<br>4. 能依据所处情境使用恰当的语言。如在别人难过时会用恰当的语言表示安慰。 |

**教育建议：**

1. 成人注意语言文明，为幼儿做出表率。如：

● 与他人交谈时，认真倾听，使用礼貌用语。

● 在公共场合不大声说话，不说脏话、粗话。

● 幼儿表达意见时，成人可蹲下来，眼睛平视幼儿，耐心听他把话说完。

2. 帮助幼儿养成良好的语言行为习惯。如：

● 结合情境提醒幼儿一些必要的交流礼节。如对长辈说话要有礼貌，客人来访时要打招呼，得到帮助时要说谢谢等。

● 提醒幼儿遵守集体生活的语言规则，如轮流发言，不随意打断别人讲话等。

● 提醒幼儿注意公共场所的语言文明，如不大声喧哗。

## （二）阅读与书写准备

### 目标1 喜欢听故事，看图书

| 3～4岁 | 4～5岁 | 5～6岁 |
|---|---|---|
| 1. 主动要求成人讲故事、读图书。<br>2. 喜欢跟读韵律感强的儿歌、童谣。<br>3. 爱护图书，不乱撕、乱扔。 | 1. 反复看自己喜欢的图书。<br>2. 喜欢把听过的故事或看过的图书讲给别人听。<br>3. 对生活中常见的标识、符号感兴趣，知道它们表示一定的意义。 | 1. 专注地阅读图书。<br>2. 喜欢与他人一起谈论图书和故事的有关内容。<br>3. 对图书和生活情境中的文字符号感兴趣，知道文字表示一定的意义。 |

**教育建议：**

1. 为幼儿提供良好的阅读环境和条件。如：

● 提供一定数量、符合幼儿年龄特点、富有童趣的图画书。

● 提供相对安静的地方，尽量减少干扰，保证幼儿自主阅读。

2. 激发幼儿的阅读兴趣，培养阅读习惯。如：

● 经常抽时间与幼儿一起看图书、讲故事。

● 提供童谣、故事和诗歌等不同体裁的儿童文学作品，让幼儿自主选择和阅读。

● 当幼儿遇到感兴趣的事物或问题时，和他一起查阅图书资料，让他感受图书的作用，体会通过阅读获取信息的乐趣。

3. 引导幼儿体会标识、文字符号的用途。如：

● 向幼儿介绍医院、公用电话等生活中的常见标识，让他知道标识可以代表具体事物。

● 结合生活实际，帮助幼儿体会文字的用途。如买来新玩具时，把说明书上的文字念给幼儿听，了解玩具的玩法。

**目标2　具有初步的阅读理解能力**

| 3～4 岁 | 4～5 岁 | 5～6 岁 |
|---|---|---|
| 1. 能听懂短小的儿歌或故事。<br>2. 会看画面，能根据画面说出图中有什么，发生了什么事等。<br>3. 能理解图书上的文字是和画面对应的，是用来表达画面意义的。 | 1. 能大体讲出所听故事的主要内容。<br>2. 能根据连续画面提供的信息，大致说出故事的情节。<br>3. 能随着作品的展开产生喜悦、担忧等相应的情绪反应，体会作品所表达的情绪情感。 | 1. 能说出所阅读的幼儿文学作品的主要内容。<br>2. 能根据故事的部分情节或图书画面的线索猜想故事情节的发展，或续编、创编故事。<br>3. 对看过的图书、听过的故事能说出自己的看法。<br>4. 能初步感受文学语言的美。 |

**教育建议：**

1. 经常和幼儿一起阅读，引导他以自己的经验为基础理解图书的内容。如：

● 引导幼儿仔细观察画面，结合画面讨论故事内容，学习建立画面与故事内容的联系。

● 和幼儿一起讨论或回忆书中的故事情节，引导他有条理地说出故事的大致内容。

● 在给幼儿读书或讲故事时，可先不告诉名字，让幼儿听完后自己命名，并说出这样命名的理由。

● 鼓励幼儿自主阅读，并与他人讨论自己在阅读中的发现、体会和想法。

2. 在阅读中发展幼儿的想象和创造能力。如：

● 鼓励幼儿依据画面线索讲述故事，大胆推测、想象故事情节的发展，改编故事部分情节或续编故事结尾。

● 鼓励幼儿用故事表演、绘画等不同的方式表达自己对图书和故事的理解。

● 鼓励和支持幼儿自编故事，并为自编的故事配上图画，制成图画书。

3. 引导幼儿感受文学作品的美。如：

● 有意识地引导幼儿欣赏或模仿文学作品的语言节奏和韵律。

● 给幼儿读书时，通过表情、动作和抑扬顿挫的声音传达书中的情绪情感，让幼儿体会作品的感染力和表现力。

**目标3　具有书面表达的愿望和初步技能**

| 3~4 岁 | 4~5 岁 | 5~6 岁 |
| --- | --- | --- |
| 1. 喜欢用涂涂画画表达一定的意思。 | 1. 愿意用图画和符号表达自己的愿望和想法。<br>2. 在成人提醒下，写写画画时姿势正确。 | 1. 愿意用图画和符号表现事物或故事。<br>2. 会正确书写自己的名字。<br>3. 写画时姿势正确。 |

**教育建议：**

1. 让幼儿在写写画画的过程中体验文字符号的功能，培养书写兴趣。如：

● 准备供幼儿随时取放的纸、笔等材料，也可利用沙地、树枝等自然材料，满足幼儿自由涂画的需要。

● 鼓励幼儿将自己感兴趣的事情或故事画下来并讲给别人听，让幼儿体会写写画画的方式可以表达自己的想法和情感。

● 把幼儿讲过的事情用文字记录下来，并念给他听，使幼儿知道说的话可以用文字记录下来，从中体会文字的用途。

2. 在绘画和游戏中做必要的书写准备，如：

● 通过把虚线画出的图形轮廓连成实线等游戏，促进手眼协调，同时帮助幼儿学习由上至下、由左至右的运笔技能。

● 鼓励幼儿学习书写自己的名字。

● 提醒幼儿写画时保持正确姿势。

## 三．　社会

　　幼儿社会领域的学习与发展过程是其社会性不断完善并奠定健全人格基础的过程。人际交往和社会适应是幼儿社会学习的主要内容，也是其社会性发展的基本途径。幼儿在与成人和同伴交往的过程中，不仅学习如何与人友好相处，也在学习如何看待自己、对待他人，不断发展适应社会生活的能力。良好的社会性发展对幼儿身心健康和其他各方面的发展都具有重要影响。

　　家庭、幼儿园和社会应共同努力，为幼儿创设温暖、关爱、平等的家庭和集体生活氛围，建立良好的亲子关系、师生关系和同伴关系，让幼儿在积极健康的人际关系中获得安全感和信任感，发展自信和自尊，在良好的社会环境及文化的熏陶中学会遵守规则，形成基本的认同感和归属感。

　　幼儿的社会性主要是在日常生活和游戏中通过观察和模仿潜移默化地发展起来的。成人应注重自己言行的榜样作用，避免简单生硬的说教。

### （一）人际交往

#### 目标1　愿意与人交往

| 3～4岁 | 4～5岁 | 5～6岁 |
|--------|--------|--------|
| 1. 愿意和小朋友一起游戏。<br>2. 愿意与熟悉的长辈一起活动。 | 1. 喜欢和小朋友一起游戏，有经常一起玩的小伙伴。<br>2. 喜欢和长辈交谈，有事愿意告诉长辈。 | 1. 有自己的好朋友，也喜欢结交新朋友。<br>2. 有问题愿意向别人请教。<br>3. 有高兴的或有趣的事愿意与大家分享。 |

　　**教育建议：**

　　1. 主动亲近和关心幼儿，经常和他一起游戏或活动，让幼儿感受到与成人交往的快乐，建立亲密的亲子关系和师生关系。

　　2. 创造交往的机会，让幼儿体会交往的乐趣。如：

　　● 利用走亲戚、到朋友家做客或有客人来访的时机，鼓励幼儿与他人接触和交谈。

　　● 鼓励幼儿参加小朋友的游戏，邀请小朋友到家里玩，感受有朋友一起玩的快乐。

● 幼儿园应多为幼儿提供自由交往和游戏的机会，鼓励他们自主选择、自由结伴开展活动。

**目标2　能与同伴友好相处**

| 3～4 岁 | 4～5 岁 | 5～6 岁 |
| --- | --- | --- |
| 1. 想加入同伴的游戏时，能友好地提出请求。<br>2. 在成人指导下，不争抢、不独霸玩具。<br>3. 与同伴发生冲突时，能听从成人的劝解。 | 1. 会运用介绍自己、交换玩具等简单技巧加入同伴游戏。<br>2. 对大家都喜欢的东西能轮流分享。<br>3. 与同伴发生冲突时，能在他人帮助下和平解决。<br>4. 活动时愿意接受同伴的意见和建议。<br>5. 不欺负弱小。 | 1. 能想办法吸引同伴和自己一起游戏。<br>2. 活动时能与同伴分工合作，遇到困难能一起克服。<br>3. 与同伴发生冲突时能自己协商解决。<br>4. 知道别人的想法有时和自己不一样，能倾听和接受别人的意见，不能接受时会说明理由。<br>5. 不欺负别人，也不允许别人欺负自己。 |

**教育建议：**

1. 结合具体情境，指导幼儿学习交往的基本规则和技能。如：

● 当幼儿不知怎样加入同伴游戏，或提出请求不被接受时，建议他拿出玩具邀请大家一起玩；或者扮成某个角色加入同伴的游戏。

● 对幼儿与别人分享玩具、图书等行为给予肯定，让他对自己的表现感到高兴和满足。

● 当幼儿与同伴发生矛盾或冲突时，指导他尝试用协商、交换、轮流玩、合作等方式解决冲突。

● 利用相关的图书、故事，结合幼儿的交往经验，和他讨论什么样的行为受大家欢迎，想要得到别人的接纳应该怎样做。

● 幼儿园应多为幼儿提供需要大家齐心协力才能完成的活动，让幼儿在具体活动中体会合作的重要性，学习分工合作。

2. 结合具体情境，引导幼儿换位思考，学习理解别人。如：

● 幼儿有争抢玩具等不友好行为时，引导他们想想"假如你是那个小朋友，你有什么感受？"让幼儿学习理解别人的想法和感受。

3. 和幼儿一起谈谈他的好朋友，说说喜欢这个朋友的原因，引导他多发现同伴的优点、长处。

**目标3　具有自尊、自信、自主的表现**

| 3～4岁 | 4～5岁 | 5～6岁 |
|---|---|---|
| 1. 能根据自己的兴趣选择游戏或其他活动。<br>2. 为自己的好行为或活动成果感到高兴。<br>3. 自己能做的事情愿意自己做。<br>4. 喜欢承担一些小任务。 | 1. 能按自己的想法进行游戏或其他活动。<br>2. 知道自己的一些优点和长处，并对此感到满意。<br>3. 自己的事情尽量自己做，不愿意依赖别人。<br>4. 敢于尝试有一定难度的活动和任务。 | 1. 能主动发起活动或在活动中出主意、想办法。<br>2. 做了好事或取得了成功后还想做得更好。<br>3. 自己的事情自己做，不会的愿意学。<br>4. 主动承担任务，遇到困难能够坚持而不轻易求助。<br>5. 与别人的看法不同时，敢于坚持自己的意见并说出理由。 |

**教育建议：**

1. 关注幼儿的感受，保护其自尊心和自信心。如：

● 能以平等的态度对待幼儿，使幼儿切实感受到自己被尊重。

● 对幼儿好的行为表现多给予具体、有针对性的肯定和表扬，让他对自己优点和长处有所认识并感到满足和自豪。

● 不要拿幼儿的不足与其他幼儿的优点作比较。

2. 鼓励幼儿自主决定，独立做事，增强其自尊心和自信心。如：

● 与幼儿有关的事情要征求他的意见，即使他的意见与成人不同，也要认真倾听，接受他的合理要求。

● 在保证安全的情况下，支持幼儿按自己的想法做事；或提供必要的条件，帮助他实现自己的想法。

● 幼儿自己的事情尽量放手让他自己做，即使做得不够好，也应鼓励并给予一定的指导，让他在做事中树立自尊和自信。

● 鼓励幼儿尝试有一定难度的任务，并注意调整难度，让他感受经过努力获得的成就感。

**目标4　关心尊重他人**

| 3～4岁 | 4～5岁 | 5～6岁 |
|---|---|---|
| 1. 长辈讲话时能认真听，并能听从长辈的要求。<br>2. 身边的人生病或不开心时表示同情。<br>3. 在提醒下能做到不打扰别人。 | 1. 会用礼貌的方式向长辈表达自己的要求和想法。<br>2. 能注意到别人的情绪，并有关心、体贴的表现。<br>3. 知道父母的职业，能体会到父母为养育自己所付出的辛劳。 | 1. 能有礼貌地与人交往。<br>2. 能关注别人的情绪和需要，并能给予力所能及的帮助。<br>3. 尊重为大家提供服务的人，珍惜他们的劳动成果。<br>4. 接纳、尊重与自己的生活方式或习惯不同的人。 |

**教育建议：**

1. 成人以身作则，以尊重、关心的态度对待自己的父母、长辈和其他人。如：

● 经常问候父母，主动做家务。

● 礼貌地对待老年人，如坐车时主动为老人让座。

● 看到别人有困难能主动关心并给予一定的帮助。

2. 引导幼儿尊重、关心长辈和身边的人，尊重他人劳动及成果。如：

● 提醒幼儿关心身边的人，如妈妈累了，知道让她安静休息一会儿。

● 借助故事、图书等给幼儿讲讲父母抚育孩子成长的经历，让幼儿理解和体会父爱与母爱。

● 结合实际情境，提醒幼儿注意别人的情绪，了解他们的需要，给予适当的关心和帮助。

● 利用生活机会和角色游戏，帮助幼儿了解与自己关系密切的社会服务机构及其工作，如商场、邮局、医院等，体会这些机构给大家提供的便利和服务，懂得尊重工作人员的劳动，珍惜劳动成果。

3. 引导幼儿学习用平等、接纳和尊重的态度对待差异。如：

● 了解每个人都有自己的兴趣、爱好和特长，可以相互学习。

● 利用民间游戏、传统节日等，适当向幼儿介绍我国主要民族和世界其他国家和民族的文化，帮助幼儿感知文化的多样性和差异性，理解人们之间是平等的，应该互相尊重，友好相处。

## （二）社会适应

### 目标 1　喜欢并适应群体生活

| 3～4 岁 | 4～5 岁 | 5～6 岁 |
| --- | --- | --- |
| 1. 对群体活动有兴趣。<br>2. 对幼儿园的生活好奇，喜欢上幼儿园。 | 1. 愿意并主动参加群体活动。<br>2. 愿意与家长一起参加社区的一些群体活动。 | 1. 在群体活动中积极、快乐。<br>2. 对小学生活有好奇和向往。 |

**教育建议：**

1. 经常和幼儿一起参加一些群体性的活动，让幼儿体会群体活动的乐趣。如：参加亲戚、朋友和同事间的聚会以及适合幼儿参加的社区活动等，支持幼儿和不同群体的同伴一起游戏，丰富其群体活动的经验。

2. 幼儿园组织活动时，可以经常打破班级的界限，让幼儿有更多机会参加不同群体的活动。

3. 带领大班幼儿参观小学，讲讲小学有趣的活动，唤起他们对小学生活的好奇和向往，为入学做好心理准备。

### 目标 2　遵守基本的行为规范

| 3～4 岁 | 4～5 岁 | 5～6 岁 |
| --- | --- | --- |
| 1. 在提醒下，能遵守游戏和公共场所的规则。<br>2. 知道不经允许不能拿别人的东西，借别人的东西要归还。<br>3. 在成人提醒下，爱护玩具和其他物品。 | 1. 感受规则的意义，并能基本遵守规则。<br>2. 不私自拿不属于自己的东西。<br>3. 知道说谎是不对的。<br>4. 知道接受了的任务要努力完成。<br>5. 在提醒下，能节约粮食、水电等。 | 1. 理解规则的意义，能与同伴协商制定游戏和活动规则。<br>2. 爱惜物品，用别人的东西时也知道爱护。<br>3. 做了错事敢于承认，不说谎。<br>4. 能认真负责地完成自己所接受的任务。<br>5. 爱护身边的环境，注意节约资源。 |

**教育建议：**

1. 成人要遵守社会行为规则，为幼儿树立良好的榜样。如：答应幼儿的事一定要做到、尊老爱幼、爱护公共环境、节约水电等。

2. 结合社会生活实际，帮助幼儿了解基本行为规则或其他游戏规则，体会规则的重要性，学习自觉遵守规则。如：

● 经常和幼儿玩带有规则的游戏，遵守共同约定的游戏规则。

● 利用实际生活情境和图书故事，向幼儿介绍一些必要的社会行为规则，以及为什么要遵守这些规则。

● 在幼儿园的区域活动中，创设情境，让幼儿体会没有规则的不方便，鼓励他们讨论制定规则并自觉遵守。

● 对幼儿表现出的遵守规则的行为要及时肯定，对违规行为给予纠正。如：幼儿主动为老人让座时要表扬；幼儿损害别人的物品或公共物品时要及时制止并主动赔偿。

3. 教育幼儿要诚实守信。如：

● 对幼儿诚实守信的行为要及时肯定。

● 允许幼儿犯错误，告诉他改了就好。不要打骂幼儿，以免他因害怕惩罚而说谎。

● 小年龄幼儿经常分不清想象和现实，成人不要误认为他是在说谎。

● 发现幼儿说谎时，要反思是否是因自己对幼儿的要求过高过严造成的。如果是，要及时调整自己的行为，同时要严肃地告诉幼儿说谎是不对的。

● 经常给幼儿分配一些力所能及的任务，要求他完成并及时给予表扬，培养他的责任感和认真负责的态度。

**目标3　具有初步的归属感**

| 3～4岁 | 4～5岁 | 5～6岁 |
|---|---|---|
| 1. 知道和自己一起生活的家庭成员及与自己的关系，体会到自己是家庭的一员。<br>2. 能感受到家庭生活的温暖，爱父母，亲近与信赖长辈。<br>3. 能说出自己家所在街道、小区（乡镇、村）的名称。<br>4. 认识国旗，知道国歌。 | 1. 喜欢自己所在的幼儿园和班级，积极参加集体活动。<br>2. 能说出自己家所在地的省、市、县（区）名称，知道当地有代表性的物产或景观。<br>3. 知道自己是中国人。<br>4. 奏国歌、升国旗时能自动站好。 | 1. 愿意为集体做事，为集体的成绩感到高兴。<br>2. 能感受到家乡的发展变化并为此感到高兴。<br>3. 知道自己的民族，知道中国是一个多民族的大家庭，各民族之间要互相尊重，团结友爱。<br>4. 知道国家一些重大成就，爱祖国，为自己是中国人感到自豪。 |

**教育建议：**

1. 亲切地对待幼儿，关心幼儿，让他感到长辈是可亲、可近、可信赖的，家庭和幼儿园是温暖的。如：

● 多和孩子一起游戏、谈笑，尽量在家庭和班级中营造温馨的氛围。

● 通过和幼儿一起翻阅照片、讲幼儿成长的故事等，让幼儿感受到家庭和幼儿园的温暖，老师的和蔼可亲，对养育自己的人产生感激之情。

2. 吸引和鼓励幼儿参加集体活动，萌发集体意识。如：

● 幼儿园和班级里的重大事情和计划，请幼儿集体讨论决定。

● 幼儿园应经常组织多种形式的集体活动，萌发幼儿的集体荣誉感。

3. 运用幼儿喜闻乐见和能够理解的方式激发幼儿爱家乡、爱祖国的情感。如：

● 和幼儿说一说或在地图上找一找自己家所在的省、市、县(区)名称。

● 和幼儿一起外出游玩，一起看有关的电视节目或画报等；和他们一起收集有关家乡、祖国各地的风景名胜、著名的建筑、独特物产的图片等，在观看和欣赏的过程中激发幼儿的自豪感和热爱之情。

● 利用电视节目或参加升旗等活动，向幼儿介绍国旗、国歌以及观看升旗、奏国歌的礼仪。

● 向幼儿介绍反映中国人聪明才智的发明和创造，激发幼儿的民族自豪感。

# 四、科学

幼儿的科学学习是在探究具体事物和解决实际问题中，尝试发现事物间的异同和联系的过程。幼儿在对自然事物的探究和运用数学解决实际生活问题的过程中，不仅获得丰富的感性经验，充分发展形象思维，而且初步尝试归类、排序、判断、推理，逐步发展逻辑思维能力，为其他领域的深入学习奠定基础。

幼儿科学学习的核心是激发探究兴趣，体验探究过程，发展初步的探究能力。成人要善于发现和保护幼儿的好奇心，充分利用自然和实际生活机会，引导幼儿通过观察、比较、操作、实验等方法，学习发现问题、分析问题和解决问题；帮助幼儿不断积累经验，并运用于新的学习活动，形成受益终身的学习态度和能力。

幼儿的思维特点是以具体形象思维为主，应注重引导幼儿通过直接感知、亲身体验和实际操作进行科学学习，不应为追求知识和技能的掌握，对幼儿进行灌

输和强化训练。

## (一)科学探究

### 目标1　亲近自然，喜欢探究

| 3～4 岁 | 4～5 岁 | 5～6 岁 |
|---|---|---|
| 1. 喜欢接触大自然，对周围的很多事物和现象感兴趣。<br>2. 经常问各种问题，或好奇地摆弄物品。 | 1. 喜欢接触新事物，经常问一些与新事物有关的问题。<br>2. 常常动手动脑探索物体和材料，并乐在其中。 | 1. 对自己感兴趣的问题总是刨根问底。<br>2. 能经常动手动脑寻找问题的答案。<br>3. 探索中有所发现时感到兴奋和满足。 |

**教育建议：**

1. 经常带幼儿接触大自然，激发其好奇心与探究欲望。如：

● 为幼儿提供一些有趣的探究工具，用自己的好奇心和探究积极性感染和带动幼儿。

● 和幼儿一起发现并分享周围新奇、有趣的事物或现象，一起寻找问题的答案。

● 通过拍照和画图等方式保留和积累有趣的探索与发现。

2. 真诚地接纳、多方面支持和鼓励幼儿的探索行为。如：

● 认真对待幼儿的问题，引导他们猜一猜、想一想，有条件时和幼儿一起做一些简易的调查或有趣的小实验。

● 容忍幼儿因探究而弄脏、弄乱、甚至破坏物品的行为，引导他们活动后做好收拾整理。

● 多为幼儿选择一些能操作、多变化、多功能的玩具材料或废旧材料，在保证安全的前提下，鼓励幼儿拆装或动手自制玩具。

**目标2　具有初步的探究能力**

| 3～4岁 | 4～5岁 | 5～6岁 |
|---|---|---|
| 1. 对感兴趣的事物能仔细观察，发现其明显特征。<br>2. 能用多种感官或动作去探索物体，关注动作所产生的结果。 | 1. 能对事物或现象进行观察比较，发现其相同与不同。<br>2. 能根据观察结果提出问题，并大胆猜测答案。<br>3. 能通过简单的调查收集信息。<br>4. 能用图画或其他符号进行记录。 | 1. 能通过观察、比较与分析，发现并描述不同种类物体的特征或某个事物前后的变化。<br>2. 能用一定的方法验证自己的猜测。<br>3. 在成人的帮助下能制定简单的调查计划并执行。<br>4. 能用数字、图画、图表或其他符号记录。<br>5. 探究中能与他人合作与交流。 |

**教育建议：**

1. 有意识地引导幼儿观察周围事物，学习观察的基本方法，培养观察与分类能力。如：

● 支持幼儿自发的观察活动，对其发现表示赞赏。

● 通过提问等方式引导幼儿思考并对事物进行比较观察和连续观察。

● 引导幼儿在观察和探索的基础上，尝试进行简单的分类、概括。如：根据运动方式给动物分类，根据生长环境给植物分类，根据外部特征给物体分类等。

2. 支持和鼓励幼儿在探究的过程中积极动手动脑寻找答案或解决问题。如：

● 鼓励幼儿根据观察或发现提出值得继续探究的问题，或成人提出有探究意义且能激发幼儿兴趣的问题。如：皮球、轮胎、竹筒等物体滚动时都走直线吗？怎样让橡皮泥球浮在水面上？

● 支持和鼓励幼儿大胆联想、猜测问题的答案，并设法验证。如：玩风车时，鼓励幼儿猜测风车转动方向及速度快慢的原因和条件，并实际去验证。

● 支持、引导幼儿学习用适宜的方法探究和解决问题，或为自己的想法收集证据。如：想知道院子里有多少种植物，可以进行实地调查；想知道球在平地上还是在斜坡上滚得快，可以动手试一试；想证明影子的方向与太阳的位置有关，可以做个小实验进行验证等。

3. 鼓励和引导幼儿学习做简单的计划和记录，并与他人交流分享。如：

● 和幼儿共同制定调查计划，讨论调查对象、步骤和方法等，也可以和幼儿一起设法用图画、箭头等标识呈现计划。

● 鼓励幼儿用绘画、照相、做标本等办法记录观察和探究的过程与结果，注意要让记录有意义，通过记录帮助幼儿丰富观察经验、建立事物之间的联系和分享发现。

● 支持幼儿与同伴合作探究与分享交流，引导他们在交流中尝试整理、概括自己探究的成果，体验合作探究和发现的乐趣。如一起讨论和分享自己的问题与发现，一起想办法收集资料和验证猜测。

4. 帮助幼儿回顾自己探究过程，讨论自己做了什么，怎么做的，结果与计划目标是否一致，分析一下原因以及下一步要怎样做等。

**目标 3　在探究中认识周围事物和现象**

| 3～4岁 | 4～5岁 | 5～6岁 |
| --- | --- | --- |
| 1. 认识常见的动植物，能注意并发现周围的动植物是多种多样的。<br>2. 能感知和发现物体和材料的软硬、光滑和粗糙等特性。<br>3. 能感知和体验天气对自己生活和活动的影响。<br>4. 初步了解和体会动植物和人们生活的关系。 | 1. 能感知和发现动植物的生长变化及其基本条件。<br>2. 能感知和发现常见材料的溶解、传热等性质或用途。<br>3. 能感知和发现简单物理现象，如物体形态或位置变化等。<br>4. 能感知和发现不同季节的特点，体验季节对动植物和人的影响。<br>5. 初步感知常用科技产品与自己生活的关系，知道科技产品有利也有弊。 | 1. 能察觉到动植物的外形特征、习性与生存环境的适应关系。<br>2. 能发现常见物体的结构与功能之间的关系。<br>3. 能探索并发现常见的物理现象产生的条件或影响因素，如影子、沉浮等。<br>4. 感知并了解季节变化的周期性，知道变化的顺序。<br>5. 初步了解人们的生活与自然环境的密切关系，知道尊重和珍惜生命，保护环境。 |

**教育建议：**

1. 支持幼儿在接触自然、生活事物和现象中积累有益的直接经验和感性认识。如：

● 和幼儿一起通过户外活动、参观考察、种植和饲养活动，感知生物的多样性和独特性，以及生长发育、繁殖和死亡的过程。

● 给幼儿提供丰富的材料和适宜的工具，支持幼儿在游戏过程中探索并感知常见物质、材料的特性和物体的结构特点。

2. 引导幼儿在探究中思考，尝试进行简单的推理和分析，发现事物之间明显的关联。如：

● 引导 5 岁以上幼儿关注和思考动植物的外部特征、习性与生活环境对动植物生存的意义。如兔子的长耳朵具有自我保护的作用；植物种子的形状有助于其传播等。

● 引导幼儿根据常见物质、材料的特性和物体的结构特点，推测和证实它们的用途。如：带轮子的物体方便移动；不同用途的车辆有不同的结构等。

3. 引导幼儿关注和了解自然、科技产品与人们生活的密切关系，逐渐懂得热爱、尊重、保护自然。如：

● 结合幼儿的生活需要，引导他们体会人与自然、动植物的依赖关系。如：动植物、季节变化与人们生活的关系、常见灾害性天气给人们生产和生活带来的影响等。

● 和幼儿一起讨论常见科技产品的用途和弊端，如：汽车等交通工具给生活带来的方便和对环境的污染等。

## （二）数学认知

### 目标 1　初步感知生活中数学的有用和有趣

| 3～4 岁 | 4～5 岁 | 5～6 岁 |
|---|---|---|
| 1. 感知和发现周围物体的形状是多种多样的，对不同的形状感兴趣。<br>2. 体验和发现生活中很多地方都用到数。 | 1. 在指导下，感知和体会有些事物可以用形状来描述。<br>2. 在指导下，感知和体会有些事物可以用数来描述，对环境中各种数字的含义有进一步探究的兴趣。 | 1. 能发现事物简单的排列规律，并尝试创造新的排列规律。<br>2. 能发现生活中许多问题都可以用数学的方法来解决，体验解决问题的乐趣。 |

**教育建议：**

1. 引导幼儿注意事物的形状特征，尝试用表示形状的词来描述事物，体会描述的生动形象性和趣味性。如：

● 参观游览后，和幼儿一起谈论所看到的事物的形状，鼓励幼儿产生联想，并用自己的语言进行描述。如：熊猫的身体圆圆的，全身好像是一个个的圆形组成的。

● 和幼儿交谈或读书讲故事时，适当地运用一些有关形状的词汇来描述事

物，如看图片时，和幼儿讨论奥运会场馆的形状，体会为什么有的场馆叫"水立方"，有的叫"鸟巢"。

2. 引导幼儿感知和体会生活中很多地方都用到数，关注周围与自己生活密切相关的数的信息，体会数可以代表不同的意义。如：

● 和幼儿一起寻找发现生活中用数字做标识的事物，如电话号码、时钟、日历和商品的价签等。

● 引导幼儿了解和感受数用在不同的地方，表示的意义是不一样的。如天气预报中表示气温的数代表冷热状况；钟表上的数表明时间的早晚等。

● 鼓励幼儿尝试使用数的信息进行一些简单的推理。如知道今天是星期五，能推断明天是星期六，爸爸妈妈休息。

3. 引导幼儿观察发现按照一定规律排列的事物，体会其中的排列特点与规律，并尝试自己创造出新的排列规律。如：

● 和幼儿一起发现和体会按一定顺序排列的队形整齐有序。

● 提供具有重复性旋律和词语的音乐、儿歌和故事，或利用环境中有序排列的图案（如按颜色间隔排列的瓷砖、按形状间隔排列的珠帘等），鼓励幼儿发现和感受其中的规律。

● 鼓励幼儿尝试自己设计有规律的花边图案、创编有一定规律的动作，或者按某种规律进行搭建活动。

● 引导幼儿体会生活中很多事情都是有一定顺序和规律的，如一周七天的顺序是从周一到周日，一年四季按照春夏秋冬轮回等。

4. 鼓励和支持幼儿发现、尝试解决日常生活中需要用到数学的问题，体会数学的用处。如：

● 拍球、跳绳、跳远或投沙包时，可通过数数、测量的方法确定名次。

● 讨论春游去哪里玩时，让幼儿商量想去哪里玩？每个想去的地方有多少人？根据统计结果做出决定。

● 滑滑梯时，按照"先来先玩"的规则有序地排队玩。

### 目标 2　感知和理解数、量及数量关系

| 3～4 岁 | 4～5 岁 | 5～6 岁 |
|---|---|---|
| 1. 能感知和区分物体的大小、多少、高矮长短等量方面的特点，并能用相应的词表示。<br>2. 能通过一一对应的方法比较两组物体的多少。<br>3. 能手口一致地点数 5 个以内的物体，并能说出总数。能按数取物。<br>4. 能用数词描述事物或动作。如我有 4 本图书。 | 1. 能感知和区分物体的粗细、厚薄、轻重等量方面的特点，并能用相应的词语描述。<br>2. 能通过数数比较两组物体的多少。<br>3. 能通过实际操作理解数与数之间的关系，如 5 比 4 多 1；2 和 3 合在一起是 5。<br>4. 会用数词描述事物的排列顺序和位置。 | 1. 初步理解量的相对性。<br>2. 借助实际情境和操作（如合并或拿取）理解"加"和"减"的实际意义。<br>3. 能通过实物操作或其他方法进行 10 以内的加减运算。<br>4. 能用简单的记录表、统计图等表示简单的数量关系。 |

**教育建议：**

1. 引导幼儿感知和理解事物"量"的特征。如：

● 感知常见事物的大小、多少、高矮、粗细等量的特征，学习使用相应的词汇描述这些特征。

● 结合具体事物让幼儿通过多次比较逐渐理解"量"是相对的。如小亮比小明高，但比小强矮。

● 收拾物品时，根据情况，鼓励幼儿按照物体量的特征分类整理。如整理图书时按照大小摆放。

2. 结合日常生活，指导幼儿学习通过对应或数数的方式比较物体的多少。如：

● 鼓励幼儿在一对一配对的过程中发现两组物体的多少。如，在给桌子上的每个碗配上勺子时，发现碗和勺多少的不同。

● 鼓励幼儿通过数数比较两样东西的多少。如数一数有多少个苹果，多少个梨，判断苹果和梨哪个多，哪个少。

3. 利用生活和游戏中的实际情境，引导幼儿理解数概念。如：

● 结合生活需要，和幼儿一起手口一致点数物体，得出物体的总数。

● 通过点数的方式让幼儿体会物体的数量不会因排列形式、空间位置的不同而发生变化。如鼓励幼儿将一定数量的扣子以不同的形式摆放，体会扣子的数量是不变的。

● 结合日常生活，为幼儿提供"按数取物"的机会，如游戏时，请幼儿按要求拿出几个球。

4. 通过实物操作引导幼儿理解数与数之间的关系，并用"加"或"减"的办法来解决问题。如：

● 游戏中遇到让 4 个小动物住进两间房子的问题，或生活中遇到将 5 块饼干分给两个小朋友问题时，让幼儿尝试不同的分法。

● 鼓励幼儿尝试自己解决生活中的数学问题。如家里来了 5 位客人，桌子上只有 3 个杯子，还需要几个杯子等。

● 购少量物品时，有意识地鼓励幼儿参与计算和付款的过程等。

**目标 3　感知形状与空间关系**

| 3~4 岁 | 4~5 岁 | 5~6 岁 |
| --- | --- | --- |
| 1. 能注意物体较明显的形状特征，并能用自己的语言描述。<br>2. 能感知物体基本的空间位置与方位，理解上下、前后、里外等方位词。 | 1. 能感知物体的形体结构特征，画出或拼搭出该物体的造型。<br>2. 能感知和发现常见几何图形的基本特征，并能进行分类。<br>3. 能使用上下、前后、里外、中间、旁边等方位词描述物体的位置和运动方向。 | 1. 能用常见的几何形体有创意地拼搭和画出物体的造型。<br>2. 能按语言指示或根据简单示意图正确取放物品。<br>3. 能辨别自己的左右。 |

**教育建议：**

1. 用多种方法帮助幼儿在物体与几何形体之间建立联系。如：

● 引导幼儿感受生活中各种物品的形状特征，并尝试识别和描述。如感受和识别盘子、桌子、车轮、地砖等物品的形状特征。

● 鼓励和支持幼儿用积木、纸盒、拼板等各种形状材料进行建构游戏或制作活动。如用长方形的纸盒加两个圆形瓶盖制作"汽车"。

● 收拾整理积木时，引导幼儿体验图形之间的转换。如两个三角形可组合成一个正方形，两个正方形可组合成一个长方形。

● 引导幼儿注意观察生活物品的图形特征，鼓励他们按形状分类整理物品。

2. 丰富幼儿空间方位识别的经验，引导幼儿运用空间方位经验解决问题。如：

● 请幼儿取放物体时，使用他们能够理解的方位词，如把桌子下面的东西放到窗台上，把花盆放在大树旁边等。

● 和幼儿一起识别熟悉场所的位置。如超市在家的旁边，邮局在幼儿园的前面。

● 在体育、音乐和舞蹈活动中，引导幼儿感受空间方位和运动方向。

● 和幼儿玩按指令找宝的游戏。对年龄小的幼儿要求他们按语言指令寻找，对年龄大些的幼儿可要求按照简单的示意图寻找。

# 五、 艺术

艺术是人类感受美、表现美和创造美的重要形式，也是表达自己对周围世界的认识和情绪态度的独特方式。

每个幼儿心里都有一颗美的种子。幼儿艺术领域学习的关键在于充分创造条件和机会，在大自然和社会文化生活中萌发幼儿对美的感受和体验，丰富其想象力和创造力，引导幼儿学会用心灵去感受和发现美，用自己的方式去表现和创造美。

幼儿对事物的感受和理解不同于成人，他们表达自己认识和情感的方式也有别于成人。幼儿独特的笔触、动作和语言往往蕴含着丰富的想象和情感，成人应对幼儿的艺术表现给予充分的理解和尊重，不能用自己的审美标准去评判幼儿，更不能为追求结果的"完美"而对幼儿进行千篇一律的训练，以免扼杀其想象与创造的萌芽。

## （一）感受与欣赏

### 目标1　喜欢自然界与生活中美的事物

| 3～4 岁 | 4～5 岁 | 5～6 岁 |
|---|---|---|
| 1. 喜欢观看花草树木、日月星空等大自然中美的事物。<br>2. 容易被自然界中的鸟鸣、风声、雨声等好听的声音所吸引。 | 1. 在欣赏自然界和生活环境中美的事物时，关注其色彩、形态等特征。<br>2. 喜欢倾听各种好听的声音，感知声音的高低、长短、强弱等变化。 | 1. 乐于收集美的物品或向别人介绍所发现的美的事物。<br>2. 乐于模仿自然界和生活环境中有特点的声音，并产生相应的联想。 |

**教育建议：**

1. 和幼儿一起感受、发现和欣赏自然环境和人文景观中美的事物。如：

● 让幼儿多接触大自然，感受和欣赏美丽的景色和好听的声音。

● 经常带幼儿参观园林、名胜古迹等人文景观，讲讲有关的历史故事、传说，与幼儿一起讨论和交流对美的感受。

2. 和幼儿一起发现美的事物的特征，感受和欣赏美。如：

● 让幼儿观察常见动植物以及其他物体，引导幼儿用自己的语言、动作等描述它们美的方面，如颜色、形状、形态等。

● 让幼儿倾听和分辨各种声响，引导幼儿用自己的方式来表达他对音色、强弱、快慢的感受。

● 支持幼儿收集喜欢的物品并和他一起欣赏。

**目标2　喜欢欣赏多种多样的艺术形式和作品**

| 3～4岁 | 4～5岁 | 5～6岁 |
|---|---|---|
| 1. 喜欢听音乐或观看舞蹈、戏剧等表演。<br>2. 乐于观看绘画、泥塑或其他艺术形式的作品。 | 1. 能够专心地观看自己喜爱的文艺演出或艺术品，有模仿和参与的愿望。<br>2. 欣赏艺术作品时会产生相应的联想和情绪反应。 | 1. 艺术欣赏时常常用表情、动作、语言等方式表达自己的理解。<br>2. 愿意和别人分享、交流自己喜爱的艺术作品和美感体验。 |

**教育建议：**

1. 创造条件让幼儿接触多种艺术形式和作品。如：

● 经常让幼儿接触适宜的、各种形式的音乐作品，丰富幼儿对音乐的感受和体验。

● 和幼儿一起用图画、手工制品等装饰和美化环境。

● 带幼儿观看或共同参与传统民间艺术和地方民俗文化活动，如皮影戏、剪纸和捏面人等。

● 有条件的情况下，带幼儿去剧院、美术馆、博物馆等欣赏文艺表演和艺术作品。

2. 尊重幼儿的兴趣和独特感受，理解他们欣赏时的行为。如：

● 理解和尊重幼儿在欣赏艺术作品时的手舞足蹈、即兴模仿等行为。

● 当幼儿主动介绍自己喜爱的舞蹈、戏曲、绘画或工艺品时，要耐心倾听并给予积极回应和鼓励。

### （二）表现与创造

**目标 1　喜欢进行艺术活动并大胆表现**

| 3～4 岁 | 4～5 岁 | 5～6 岁 |
|---|---|---|
| 1. 经常自哼自唱或模仿有趣的动作、表情和声调。<br>2. 经常涂涂画画、粘粘贴贴并乐在其中。 | 1. 经常唱唱跳跳，愿意参加歌唱、律动、舞蹈、表演等活动。<br>2. 经常用绘画、捏泥、手工制作等多种方式表现自己的所见所想。 | 1. 积极参与艺术活动，有自己比较喜欢的活动形式。<br>2. 能用多种工具、材料或不同的表现手法表达自己的感受和想象。<br>3. 艺术活动中能与他人相互配合，也能独立表现。 |

**教育建议：**

1. 创造机会和条件，支持幼儿自发的艺术表现和创造。

● 提供丰富的便于幼儿取放的材料、工具或物品，支持幼儿进行自主绘画、手工、歌唱、表演等艺术活动。

● 经常和幼儿一起唱歌、表演、绘画、制作，共同分享艺术活动的乐趣。

2. 营造安全的心理氛围，让幼儿敢于并乐于表达表现。如：

● 欣赏和回应幼儿的哼哼唱唱、模仿表演等自发的艺术活动，赞赏他独特的表现方式。

● 在幼儿自主表达创作过程中，不做过多干预或把自己的意愿强加给幼儿，在幼儿需要时再给予具体的帮助。

● 了解并倾听幼儿艺术表现的想法或感受，领会并尊重幼儿的创作意图，不简单用"像不像""好不好"等成人标准来评价。

● 展示幼儿的作品，鼓励幼儿用自己的作品或艺术品布置环境。

**目标2　具有初步的艺术表现与创造能力**

| 3～4 岁 | 4～5 岁 | 5～6 岁 |
|---|---|---|
| 1. 能模仿学唱短小歌曲。<br>2. 能跟随熟悉的音乐做身体动作。<br>3. 能用声音、动作、姿态模拟自然界的事物和生活情景。<br>4. 能用简单的线条和色彩大体画出自己想画的人或事物。 | 1. 能用自然的、音量适中的声音基本准确地唱歌。<br>2. 能通过即兴哼唱、即兴表演或给熟悉的歌曲编词来表达自己的心情。<br>3. 能用拍手、踏脚等身体动作或可敲击的物品敲打节拍和基本节奏。<br>4. 能运用绘画、手工制作等表现自己观察到或想象的事物。 | 1. 能用基本准确的节奏和音调唱歌。<br>2. 能用律动或简单的舞蹈动作表现自己的情绪或自然界的情景。<br>3. 能自编自演故事，并为表演选择和搭配简单的服饰、道具或布景。<br>4. 能用自己制作的美术作品布置环境、美化生活。 |

**教育建议：**

尊重幼儿自发的表现和创造，并给予适当的指导。如：

●鼓励幼儿在生活中细心观察、体验，为艺术活动积累经验与素材。如，观察不同树种的形态、色彩等。

●提供丰富的材料，如图书、照片、绘画或音乐作品等，让幼儿自主选择，用自己喜欢的方式去模仿或创作，成人不做过多要求。

●根据幼儿的生活经验，与幼儿共同确定艺术表达表现的主题，引导幼儿围绕主题展开想象，进行艺术表现。

●幼儿绘画时，不宜提供范画，特别不应要求幼儿完全按照范画来画。

●肯定幼儿作品的优点，用表达自己感受的方式引导其提高。如，"你的画用了这么多红颜色，感觉就像过年一样喜庆""你扮演的大灰狼声音真像，要是表情再凶一点就更好了"等。

# 幼儿园教育指导纲要(试行)

## 第一部分　总　则

一、为贯彻《中华人民共和国教育法》、《幼儿园管理条例》和《幼儿园工作规程》，指导幼儿园深入实施素质教育，特制定本纲要。

二、幼儿园教育是基础教育的重要组成部分，是我国学校教育和终身教育的奠基阶段。城乡各类幼儿园都应从实际出发，因地制宜地实施素质教育，为幼儿一生的发展打好基础。

三、幼儿园应与家庭、社区密切合作，与小学相互衔接，综合利用各种教育资源，共同为幼儿的发展创造良好的条件。

四、幼儿园应为幼儿提供健康、丰富的生活和活动环境，满足他们多方面发展的需要，使他们在快乐的童年生活中获得有益于身心发展的经验。

五、幼儿园教育应尊重幼儿的人格和权利，尊重幼儿身心发展的规律和学习特点，以游戏为基本活动，保教并重，关注个别差异，促进每个幼儿富有个性的发展。

## 第二部分　教育内容与要求

幼儿园的教育内容是全面的、启蒙性的，可以相对划分为健康、语言、社

会、科学、艺术等五个领域，也可作其他不同的划分。各领域的内容相互渗透，从不同的角度促进幼儿情感、态度、能力、知识、技能等方面的发展。

## 一、 健康

### (一)目标

1. 身体健康，在集体生活中情绪安定、愉快；
2. 生活、卫生习惯良好，有基本的生活自理能力；
3. 知道必要的安全保健常识，学习保护自己；
4. 喜欢参加体育活动，动作协调、灵活。

### (二)内容与要求

1. 建立良好的师生、同伴关系，让幼儿在集体生活中感到温暖，心情愉快，形成安全感、信赖感。

2. 与家长配合，根据幼儿的需要建立科学的生活常规。培养幼儿良好的饮食、睡眠、盥洗、排泄等生活习惯和生活自理能力。

3. 教育幼儿爱清洁、讲卫生，注意保持个人和生活场所的整洁和卫生。

4. 密切结合幼儿的生活进行安全、营养和保健教育，提高幼儿的自我保护意识和能力。

5. 开展丰富多彩的户外游戏和体育活动，培养幼儿参加体育活动的兴趣和习惯，增强体质，提高对环境的适应能力。

6. 用幼儿感兴趣的方式发展基本动作，提高动作的协调性、灵活性。

7. 在体育活动中，培养幼儿坚强、勇敢、不怕困难的意志品质和主动、乐观、合作的态度。

### (三)指导要点

1. 幼儿园必须把保护幼儿的生命和促进幼儿的健康放在工作的首位。树立正确的健康观念，在重视幼儿身体健康的同时，要高度重视幼儿的心理健康。

2. 既要高度重视和满足幼儿受保护、受照顾的需要，又要尊重和满足他们不断增长的独立要求，避免过度保护和包办代替，鼓励并指导幼儿自理、自立的尝试。

3. 健康领域的活动要充分尊重幼儿生长发育的规律，严禁以任何名义进行有损幼儿健康的比赛、表演或训练等。

4. 培养幼儿对体育活动的兴趣是幼儿园体育的重要目标，要根据幼儿的特点组织生动有趣、形式多样的体育活动，吸引幼儿主动参与。

## 二、　语言

### (一)目标

1. 乐意与人交谈，讲话礼貌；
2. 注意倾听对方讲话，能理解日常用语；
3. 能清楚地说出自己想说的事；
4. 喜欢听故事、看图书；
5. 能听懂和会说普通话。

### (二)内容与要求

1. 创造一个自由、宽松的语言交往环境，支持、鼓励、吸引幼儿与教师、同伴或其他人交谈，体验语言交流的乐趣，学习使用适当的、礼貌的语言交往。

2. 养成幼儿注意倾听的习惯，发展语言理解能力。

3. 鼓励幼儿大胆、清楚地表达自己的想法和感受，尝试说明、描述简单的事物或过程，发展语言表达能力和思维能力。

4. 引导幼儿接触优秀的儿童文学作品，使之感受语言的丰富和优美，并通过多种活动帮助幼儿加深对作品的体验和理解。

5. 培养幼儿对生活中常见的简单标记和文字符号的兴趣。

6. 利用图书、绘画和其他多种方式，引发幼儿对书籍、阅读和书写的兴趣，培养前阅读和前书写技能。

7. 提供普通话的语言环境，帮助幼儿熟悉、听懂并学说普通话。少数民族地区还应帮助幼儿学习本民族语言。

### (三)指导要点

1. 语言能力是在运用的过程中发展起来的，发展幼儿语言的关键是创设一个能使他们想说、敢说、喜欢说、有机会说并能得到积极应答的环境。

2. 幼儿语言的发展与其情感、经验、思维、社会交往能力等其他方面的发展密切相关，因此，发展幼儿语言的重要途径是通过互相渗透的各领域的教育，

在丰富多彩的活动中去扩展幼儿的经验，提供促进语言发展的条件。

3. 幼儿的语言学习具有个别化的特点，教师与幼儿的个别交流、幼儿之间的自由交谈等，对幼儿语言发展具有特殊意义。

4. 对有语言障碍的儿童要给予特别关注，要与家长和有关方面密切配合，积极地帮助他们提高语言能力。

## 三、社会

### (一)目标

1. 能主动地参与各项活动，有自信心；
2. 乐意与人交往，学习互助、合作和分享，有同情心；
3. 理解并遵守日常生活中基本的社会行为规则；
4. 能努力做好力所能及的事，不怕困难，有初步的责任感；
5. 爱父母长辈、老师和同伴，爱集体、爱家乡、爱祖国。

### (二)内容与要求

1. 引导幼儿参加各种集体活动，体验与教师、同伴等共同生活的乐趣，帮助他们正确认识自己和他人，养成对他人、社会亲近、合作的态度，学习初步的人际交往技能。

2. 为每个幼儿提供表现自己长处和获得成功的机会，增强其自尊心和自信心。

3. 提供自由活动的机会，支持幼儿自主地选择、计划活动，鼓励他们通过多方面的努力解决问题，不轻易放弃克服困难的尝试。

4. 在共同的生活和活动中，以多种方式引导幼儿认识、体验并理解基本的社会行为规则，学习自律和尊重他人。

5. 教育幼儿爱护玩具和其他物品，爱护公物和公共环境。

6. 与家庭、社区合作，引导幼儿了解自己的亲人以及与自己生活有关的各行各业人们的劳动，培养其对劳动者的热爱和对劳动成果的尊重。

7. 充分利用社会资源，引导幼儿实际感受祖国文化的丰富与优秀，感受家乡的变化和发展，激发幼儿爱家乡、爱祖国的情感。

8. 适当向幼儿介绍我国各民族和世界其他国家、民族的文化，使其感知人类文化的多样性和差异性，培养理解、尊重、平等的态度。

**(三)指导要点**

1. 社会领域的教育具有潜移默化的特点。幼儿社会态度和社会情感的培养尤应渗透在多种活动和一日生活的各个环节之中，要创设一个能使幼儿感受到接纳、关爱和支持的良好环境，避免单一呆板的言语说教。

2. 幼儿与成人、同伴之间的共同生活、交往、探索、游戏等，是其社会学习的重要途径。应为幼儿提供人际间相互交往和共同活动的机会和条件，并加以指导。

3. 社会学习是一个漫长的积累过程，需要幼儿园、家庭和社会密切合作，协调一致，共同促进幼儿良好社会性品质的形成。

# 四、 科学

**(一)目标**

1. 对周围的事物、现象感兴趣，有好奇心和求知欲；

2. 能运用各种感官，动手动脑，探究问题；

3. 能用适当的方式表达、交流探索的过程和结果；

4. 能从生活和游戏中感受事物的数量关系并体验到数学的重要和有趣；

5. 爱护动植物，关心周围环境，亲近大自然，珍惜自然资源，有初步的环保意识。

**(二)内容与要求**

1. 引导幼儿对身边常见事物和现象的特点、变化规律产生兴趣和探究的欲望。

2. 为幼儿的探究活动创造宽松的环境，让每个幼儿都有机会参与尝试，支持、鼓励他们大胆提出问题，发表不同意见，学会尊重别人的观点和经验。

3. 提供丰富的可操作的材料，为每个幼儿都能运用多种感官、多种方式进行探索提供活动的条件。

4. 通过引导幼儿积极参加小组讨论、探索等方式，培养幼儿合作学习的意识和能力，学习用多种方式表现、交流、分享探索的过程和结果。

5. 引导幼儿对周围环境中的数、量、形、时间和空间等现象产生兴趣，建构初步的数概念，并学习用简单的数学方法解决生活和游戏中某些简单的问题。

6. 从生活或媒体中幼儿熟悉的科技成果入手，引导幼儿感受科学技术对生活的影响，培养他们对科学的兴趣和对科学家的崇敬。

7. 在幼儿生活经验的基础上，帮助幼儿了解自然、环境与人类生活的关系。从身边的小事入手，培养初步的环保意识和行为。

### (三)指导要点

1. 幼儿的科学教育是科学启蒙教育，重在激发幼儿的认识兴趣和探究欲望。

2. 要尽量创造条件让幼儿实际参加探究活动，使他们感受科学探究的过程和方法，体验发现的乐趣。

3. 科学教育应密切联系幼儿的实际生活进行，利用身边的事物与现象作为科学探索的对象。

## 五、 艺术

### (一)目标

1. 能初步感受并喜爱环境、生活和艺术中的美；
2. 喜欢参加艺术活动，并能大胆地表现自己的情感和体验；
3. 能用自己喜欢的方式进行艺术表现活动。

### (二)内容与要求

1. 引导幼儿接触周围环境和生活中美好的人、事、物，丰富他们的感性经验和审美情趣，激发他们表现美、创造美的情趣。

2. 在艺术活动中面向全体幼儿，要针对他们的不同特点和需要，让每个幼儿都得到美的熏陶和培养。对有艺术天赋的幼儿要注意发展他们的艺术潜能。

3. 提供自由表现的机会，鼓励幼儿用不同艺术形式大胆地表达自己的情感、理解和想象，尊重每个幼儿的想法和创造，肯定和接纳他们独特的审美感受和表现方式，分享他们创造的快乐。

4. 在支持、鼓励幼儿积极参加各种艺术活动并大胆表现的同时，帮助他们提高表现的技能和能力。

5. 指导幼儿利用身边的物品或废旧材料制作玩具、手工艺品等来美化自己的生活或开展其他活动。

6. 为幼儿创设展示自己作品的条件，引导幼儿相互交流、相互欣赏、共同提高。

### （三）指导要点

1. 艺术是实施美育的主要途径，应充分发挥艺术的情感教育功能，促进幼儿健全人格的形成。要避免仅仅重视表现技能或艺术活动的结果，而忽视幼儿在活动过程中的情感体验和态度的倾向。

2. 幼儿的创作过程和作品是他们表达自己的认识和情感的重要方式，应支持幼儿富有个性和创造性的表达，克服过分强调技能技巧和标准化要求的偏向。

3. 幼儿艺术活动的能力是在大胆表现的过程中逐渐发展起来的，教师的作用应主要在于激发幼儿感受美、表现美的情趣，丰富他们的审美经验，使之体验自由表达和创造的快乐。在此基础上，根据幼儿的发展状况和需要，对表现方式和技能技巧给予适时、适当的指导。

# 第三部分　组织与实施

一、幼儿园的教育是为所有在园幼儿的健康成长服务的，要为每一个儿童，包括有特殊需要的儿童提供积极的支持和帮助。

二、幼儿园的教育活动，是教师以多种形式有目的、有计划地引导幼儿生动、活泼、主动活动的教育过程。

三、教育活动的组织与实施过程是教师创造性地开展工作的过程。教师要根据本《纲要》，从本地、本园的条件出发，结合本班幼儿的实际情况，制定切实可行的工作计划并灵活地执行。

四、教育活动目标要以《幼儿园工作规程》和本《纲要》所提出的各领域目标为指导，结合本班幼儿的发展水平、经验和需要来确定。

五、教育活动内容的选择应遵照本《纲要》第二部分的有关条款进行，同时体现以下原则：

1. 既适合幼儿的现有水平，又有一定的挑战性。

2. 既符合幼儿的现实需要，又有利于其长远发展。

3. 既贴近幼儿的生活来选择幼儿感兴趣的事物和问题，又有助于拓展幼儿的经验和视野。

六、教育活动内容的组织应充分考虑幼儿的学习特点和认识规律，各领域的内容要有机联系，相互渗透，注重综合性、趣味性、活动性，寓教育于生活、游

戏之中。

七、教育活动的组织形式应根据需要合理安排，因时、因地、因内容、因材料灵活地运用。

八、环境是重要的教育资源，应通过环境的创设和利用，有效地促进幼儿的发展。

1. 幼儿园的空间、设施、活动材料和常规要求等应有利于引发、支持幼儿的游戏和各种探索活动，有利于引发、支持幼儿与周围环境之间积极的相互作用。

2. 幼儿同伴群体及幼儿园教师集体是宝贵的教育资源，应充分发挥这一资源的作用。

3. 教师的态度和管理方式应有助于形成安全、温馨的心理环境；言行举止应成为幼儿学习的良好榜样。

4. 家庭是幼儿园重要的合作伙伴。应本着尊重、平等、合作的原则，争取家长的理解、支持和主动参与，并积极支持、帮助家长提高教育能力。

5. 充分利用自然环境和社区的教育资源，扩展幼儿生活和学习的空间。幼儿园同时应为社区的早期教育提供服务。

九、科学、合理地安排和组织一日生活。

1. 时间安排应有相对的稳定性与灵活性，既有利于形成秩序，又能满足幼儿的合理需要，照顾到个体差异。

2. 教师直接指导的活动和间接指导的活动相结合，保证幼儿每天有适当的自主选择和自由活动时间。教师直接指导的集体活动要能保证幼儿的积极参与，避免时间的隐性浪费。

3. 尽量减少不必要的集体行动和过渡环节，减少和消除消极等待现象。

4. 建立良好的常规，避免不必要的管理行为，逐步引导幼儿学习自我管理。

十、教师应成为幼儿学习活动的支持者、合作者、引导者。

1. 以关怀、接纳、尊重的态度与幼儿交往。耐心倾听，努力理解幼儿的想法与感受，支持、鼓励他们大胆探索与表达。

2. 善于发现幼儿感兴趣的事物、游戏和偶发事件中所隐含的教育价值，把握时机，积极引导。

3. 关注幼儿在活动中的表现和反应，敏感地察觉他们的需要，及时以适当的方式应答，形成合作探究式的师生互动。

4. 尊重幼儿在发展水平、能力、经验、学习方式等方面的个体差异，因人施教，努力使每一个幼儿都能获得满足和成功。

5. 关注幼儿的特殊需要，包括各种发展潜能和不同发展障碍，与家庭密切配合，共同促进幼儿健康成长。

十一、幼儿园教育要与 0～3 岁儿童的保育教育以及小学教育相互衔接。

# 第四部分 教育评价

一、教育评价是幼儿园教育工作的重要组成部分，是了解教育的适宜性、有效性，调整和改进工作，促进每一个幼儿发展，提高教育质量的必要手段。

二、管理人员、教师、幼儿及其家长均是幼儿园教育评价工作的参与者。评价过程是各方共同参与、相互支持与合作的过程。

三、评价的过程，是教师运用专业知识审视教育实践，发现、分析、研究、解决问题的过程，也是其自我成长的重要途径。

四、幼儿园教育工作评价实行以教师自评为主，园长以及有关管理人员、其他教师和家长等参与评价的制度。

五、评价应自然地伴随着整个教育过程进行。综合采用观察、谈话、作品分析等多种方法。

六、幼儿的行为表现和发展变化具有重要的评价意义，教师应视之为重要的评价信息和改进工作的依据。

七、教育工作评价宜重点考察以下方面：

1. 教育计划和教育活动的目标是否建立在了解本班幼儿现状的基础上。

2. 教育的内容、方式、策略、环境条件是否能调动幼儿学习的积极性。

3. 教育过程是否能为幼儿提供有益的学习经验，并符合其发展需要。

4. 教育内容、要求能否兼顾群体需要和个体差异，使每个幼儿都能得到发展，都有成功感。

5. 教师的指导是否有利于幼儿主动、有效地学习。

八、对幼儿发展状况的评估，要注意：

1. 明确评价的目的是了解幼儿的发展需要，以便提供更加适宜的帮助和指导。

2. 全面了解幼儿的发展状况，防止片面性，尤其要避免只重知识和技能，忽略情感、社会性和实际能力的倾向。

3. 在日常活动与教育教学过程中采用自然的方法进行。平时观察所获的具

有典型意义的幼儿行为表现和所积累的各种作品等，是评价的重要依据。

4. 承认和关注幼儿的个体差异，避免用划一的标准评价不同的幼儿，在幼儿面前慎用横向的比较。

5. 以发展的眼光看待幼儿，既要了解现有水平，更要关注其发展的速度、特点和倾向等。

# 参考文献

## 著作类

1. 方俊明. 特殊教育学[M]. 北京：人民教育出版社，2005.

2. 孟兹达. 教师人际关系培养：教育者指南[M]. 北京：中国轻工业出版社，2006.

3. 李生兰. 幼儿园与家庭、社区合作共育的研究[M]. 上海：华东师范大学出版社，2003.

4. [美]帕特丽夏. 幼儿园管理[M]. 严冷，等译. 上海：华东师范大学出版社，2007.

5. 赖佳媛. 幼儿园教育环境创设与利用[M]. 北京：新世纪出版社，1995.

6. 张妙娟. 教师如何做好多媒体教学[M]. 吉林：吉林大学出版社，2010.

7. 丁海东. 学前游戏论[M]. 济南：山东人民出版社，2001.

8. [瑞士]皮亚杰. 童年的游戏、梦和模仿[M]. 纽约：诺顿出版社，1962.

9. 刘淑兰. 幼儿园课程实施指导手册[M]. 北京：北京师范大学出版社，1999.

10. 刘焱. 幼儿园游戏教学论[M]. 北京：中国社会出版社，1999.

11. 但菲，赵小华，刘晓娟. 幼儿园说课、听课与评课[M]. 北京：北京师范大学出版社. 2012.

12. 黄瑾. 幼儿园教育活动设计与指导[M]. 上海：华东师范大学出版社，2007.

**论文类**

1. 李晶，刘根义，隋桂英等. 中小学教师人际关系与心理健康的相关性研究[J]. 济宁医学院学报，2003.

2. 王宪平. 课程改革视野下教师教学能力的发展研究[D]. 华东师范大学，2006.

3. 戈柔. 增强教师与家长的沟通效果[J]. 幼儿教育，2003(4).

4. 晨云. 约谈——美国幼教机构中教师与家长沟通的一种重要方式[J]. 学前教育，1999(6).

5. 周芳. 当前幼儿园教师家长工作的问题及解决途径[J]. 教育科学研究，1997(6).

6. 李艳. 帮助幼儿从"问题行为"中走出来[J]. 教育导刊，2005(5).

7. 李利. 浅谈英国幼儿教育环境的创设[J]. 教育导刊，2007(4).

8. 张玉萍，苏彦捷. 混龄编班对四岁儿童心理理论发展的影响[J]. 心理科学，2007(6).

9. 张博. 学前混龄教育应成为我国幼儿园教育的重要模式[J]. 教育导刊(下半月)，2010(2).

10. 魏细耀. 当前幼儿园多媒体教学存在的问题及对策[J]. 学前教育研究，2008(8).

11. 何凡. 多媒体技术在幼儿园教学中的应用[D]. 东北师范大学，2008.

12. 陈薇. 幼儿园大型活动的组织管理刍议[J]. 新课程学习(上)，2012(7).